Valsugana
Caldonazzosee - Levicosee

Reiseführer mit Wanderungen

Zwischenräume Verlag

Inhaltsverzeichnis

Valsugana

Caldonazzosee und Levicosee

Es ist ein noch relativ unbekanntes Seitental des großen Valle dell'Adige (Etschtal) im Trentino: **Das Valsugana**. Es beginnt südöstlich von Trient und verläuft entlang des Flusses Brenta. Das **Suganertal** ist landschaftlich sehr reizvoll und abwechslungsreich; im Wesentlichen wird es von der Gebirgsgruppe des Lagorai im Norden und den Vizentiner Alpen im Süden begrenzt. Das Tal folgt dem Fluss entlang zunächst nach Westen und im letzten Abschnitt nach Süden. Bei **Bassano del Grappa** verlässt die Brenta die südlichen Kalkalpen und setzt ihren Lauf durch das venezianische Tiefland der Po-Ebene bis an die Adria fort. Auf seinem Weg von Trient führt der Flusslauf an den Alpenseen **Lago di Caldonazzo** und **Lago di Levico** vorbei, hier ist das Tal sehr weitläufig. Die von diesen beiden Seen dominierte und beliebte Ferienregion bietet den Urlaubern attraktive Kultur- und Freizeitangebote. Die turbulente Geschichte, ehrwürdige Traditionen, typische Kulinarik, fast unendliche Berg- und Wandersportmöglichkeiten, vielseitiger Wassersport und vor allem vorzügliche Erholung sind die wichtigsten Schlagwörter der regionalen Vielfalt. Der Fremdenverkehrsverein hat

Valstagna

zudem in den letzten Jahren viel Geld und ehrenamtliche Arbeit investiert, um den Anschluss an den Tourismus nicht zu verlieren. Die Gegend rund um das Valsugana eignet sich für Freizeitsportler genauso wie für Familien mit kleinen und größeren Kindern und ältere Menschen. **Der 80 km lange Radweg** durch das Tal (ciclabile della valsugana) hat auch die große Schar der E-Bike-Fahrer erreicht; die beliebte Strecke verläuft bis auf wenige Ausnahmen und ohne große Anstiege auf ausgewiesenen Radwegen. Nicht weniger anziehend ist der Kurort-Charakter von **Levico Terme**, das mit Thermalwasser Tausende von Gästen anlockt. Das arsen- und eisenhaltige Wasser der Thermen in Levico, **Vetriolo** und **Roncegno** entstammt aus einer Quelle in 1 500 m Höhe. Das Wasser ist einzigartig in Italien, beispielweise werden mit Bädern, Spülungen und Inhalationen Erschöpfungszustände behandelt. Die abwechslungsreiche und in einigen Lagen unberührte Natur vervollständigt den Erholungs- und Heilungserfolg und sorgt für stets steigende Bekanntheit der Region. Vor allem Italiener und Niederländer sind es, die in den Sommermonaten die beiden Seen und die zahlreichen Campingplätze belagern. **Die gute Wasserqualität** und (beim Caldonazzosee) die flachen Uferbereiche überzeugen Familien mit Kindern. Das Pizza-Angebot stimmt, und so steht einem unvergesslichen Urlaub nichts im Wege. Trotzdem ist das außergewöhnliche Tal noch weit davon entfernt, ein Ort des Massentourismus zu sein. Und das Frühjahr und der Herbst, für viele ohnehin die schönsten Urlaubsmonate, sind Urlaubern vorbehalten, die die wunderbare Natur dieser Gegend genießen und den Rummel am See vermeiden wollen.

Das Valsugana ist zudem eines der ersten Reiseziele weltweit, **das für nachhaltigen Tourismus nach den Standards des GSTC zertifiziert wurde**. Der **Global Sustainable Tourism Council** wurde im Auftrag der Vereinten Nationen gegründet, um die Ziele für nachhaltige Entwicklung im Tourismus umzusetzen. Im Mittelpunkt dieses Modells steht nicht nur das Ziel, den Urlaub für Touristen nach umweltpolitischen Grundsätzen zu gestalten, sondern auch wirtschaftliche Nachhaltigkeit für die einheimische Bevölkerung.

TM

Die Geschichte des Tals

Die erste Erwähnung reicht zurück ins **5. Jahrhundert vor Christus**. Seit damals ist in der Nähe von Pergine die Anwesenheit der Volksgruppe der Reti belegt. Bekannt ist auch der Verlauf der historischen **Via Claudia Augusta**, die einst von Donauwörth bis nach Altina (Venedig) führte und eine der wichtigsten Handelsstraßen in Europa war. Begründet wurde der angenommene Streckenverlauf durch Überbleibsel (Wegstücke) in drei Gemeinden des Valsugana: in Pergine Valsugana, in Scurelle - einem kleinen Weiler oberhalb von Borgo Valsugana – und in Castel Ivano ganz in der Nähe. Im Laufe der Jahrhunderte bildeten sich kleinere und größere Gemeinden aus, die am Erfolg dieser Wirtschaftsstraße zunehmend teilhaben konnten. Später waren es zunächst die Langobarden unter der Herrschaft Trients und dann die Venezianer, die die Geschicke der Region beeinflussten und Machtansprüche durch den **Bau einiger Festungen** manifestieren wollten. **Castel Pergine**, **Castel Telvana** und **Castel Ivano** kann man heute noch besichtigen. Das Tal erhielt zunehmend strategische Bedeutung und fiel nach mehreren Schlachten an Österreich-Ungarn. Erst nach dem Ersten Weltkrieg wurde das Valsugana endgültig italienisch. Seitdem ist das Tal von kriegerischen Auseinandersetzungen verschont und die wirtschaftliche Entwicklung konnte ihren Lauf nehmen.

Die Anfänge

Die Wirtschaft im Tal ist seit Jahrhunderten von Landwirtschaft und Handwerk geprägt. Obst und Gemüse, Viehwirtschaft und neuerdings Beeren sind die Standbeine der regionalen Agrarbetriebe. Besonders die Milch- und Fleischerzeugnisse aus den höher gelegenen Manufakturen in den westlicheren Gebieten um Borgo Valsugana sind über die Grenzen des Valsugana bekannt. Nennenswerte industrielle Ansiedlungen gibt es in Pergine, Borgo, Novaledo und Calceranica. Die Gewerbeflächen sind im Vergleich zur Landwirtschaft allerdings sehr klein, wobei die Tendenz steigend ist. Der Grund dafür ist klar: die Superstrada 47, die am Caldonazzosee vorbeiführt, verbindet Trient mit Padua und öffnet damit den Weg in die Poebene, wo große Teile der italienischen Wirtschaft zuhause sind. Ein Paradebeispiel ist die Firma Coster mit Hauptsitz in Pero bei Mailand, der weltweit einzige Anbieter von Aerosolspray-Komponenten und Abfüllmaschinen. Es ist ein großer Verdienst der regionalen Verwaltung, die industrielle Entwicklung unter dem Siegel der Nachhaltigkeit zu formieren.

Landeskunde: **Das Trentino**

Die Provinz Trentino liegt im Norden Italiens, inmitten der italienischen Alpen, und erstreckt sich von den Dolomiten bis an den Gardasee. Sie grenzt im Norden an Südtirol, im Süden und Osten an Venetien und im Westen an die Lombardei. **Die Hauptstadt Trient** ist die Namensgeberin der Region. Das Trentino beeindruckt durch eine gebirgige Landschaft, die durch idyllische Täler unterbrochen wird und zu jeder Jahreszeit ihre ganz besonderen Reize ausspielt. Die Geschichte der Provinz ist seit dem Mittelalter eng mit der Geschichte Tirols verbunden. Damals genoss die Region, die zum Trienter Fürstbistum gehörte, besondere Autonomie, verlor diese aber weitgehend nach dem Ende der napoleonischen Herrschaft. **Nach dem Ersten Weltkrieg ging das Trentino gemeinsam mit Südtirol an Italien**.

Ebenso gegensätzlich wie die Landschaft sind auch die Kulturen, die hier aufeinandertreffen. Einst waren es die Römer und Räter, später die Rätoromanen und Germanen und schließlich Deutsche, Österreicher, Italiener und Ladiner, die ihre Mentalitäten und Bräuche mit einbrachten und für eine Vermischung der Kulturen sorgten. Die Abgeschiedenheit einiger Täler sorgte dafür, dass bis heute eine außergewöhnliche Fülle an Traditionen,

Zentraler Platz in Trient

Brauchtümern und gastronomischen Besonderheiten erhalten blieb. Gesprochen wird der Trentiner Dialekt, der jenem des Veneto ähnlich ist, aber deutliche Einflüsse der deutschen und ladinischen Sprache aufweist.

Einige Gemeinden des Trentino stehen zu Karneval ganz im Zeichen der österreichisch-ungarischen Monarchie, die einst ebenfalls für einige Zeit das Land regierte. Neben klassischem Wiener Walzer gibt es zeitgenössische Kostüme und kaiserliche Gerichte nach Originalrezepten. Alljährlich im Juni wird in Trient der Stadtpatron St. Vigilius mit dem „Feste Vigiliane" gefeiert - eine ganze Woche beherrschen Modenschauen, kulinarische Events und historische Rückblicke die Innenstadt. Die Vorweihnachtszeit im Trentino ist geprägt von Lichtern, Farben und den weihnachtlichen Düften nach Glühwein und Punsch. Die traditionellen Christkindlmärkte in Trient, Arco, Levico und Rovereto laden ein, den Advent bei Musik und Weihnachtsgebäck zu erleben.

Trient gilt in puncto Lebensqualität seit vielen Jahren als eine der attraktivsten Städte Italiens und lohnt immer einen Aufenthalt. Umgeben von der eindrucksvollen Bergwelt der Südtiroler Alpen liegt sie eingebettet im flachen Etschtal und ist von der Brennerautobahn aus leicht zu erreichen. Der Ursprung der Stadt ist keltisch, doch wurde sie später von den Römern erobert, bevor sie bis zum Ersten Weltkrieg zum österreichisch-ungarischen Kaiserreich gehörte. Die Altstadt von Trient punktet besonders mit wundervoll bemalten Hausfassaden, die von der Geschichte der Stadt erzählen. Auf dem Domplatz befindet sich als zentraler Mittelpunkt der Duomo San Vigilio, zudem ein barocker Neptunbrunnen, Viele weitere Kirchen und historische Gebäude sind von hier aus fußläufig zu erreichen. Ein besonderes Highlight stellt die Burganlage Castello del Buonconsiglio dar, die heute ein Kunstmuseum beherbergt. Von dort aus hat man einen wundervollen Ausblick über Trient. Auch ein Restaurant ist hier beheimatet. Überhaupt können Sie in Trient hervorragend die leckere italienische Küche genießen. Im Anschluss lohnt es sich meist, noch etwas durch die abendlichen Gassen zu schlendern und die mediterrane Atmosphäre aufzunehmen. Viel Natur findet sich auch im Stadtwald von Trient, dem Bosco della Città. Die Schlucht Ponte Alto bietet mit spektakulären Wasserfällen ein ganz besonderes und einzigartiges Naturschauspiel.

Besonders stolz ist die Region auf die großen Naturgebiete mit der reinen Bergluft, den dichten Wäldern, Almwiesen und stillen Bergseen - ein Paradies für Naturliebhaber. Ein besonderes Naturschauspiel stellen die Felsformationen der Dolomiten dar. Je nach Licht erscheinen sie gelblich bis gelb-rosa und scheinen manchmal sogar zu glühen. Die abwechslungsreiche Berg- und Tallandschaft ist hervorragend geeignet für Mountainbiker, Wanderer und Kletterer, aber auch für alle, die Ruhe suchen. Die Städte Riva del Garda, Cavalese, Condino oder Levico Terme präsentieren sich wiederum lebhaft und voller Sehenswürdigkeiten. So bietet das Trentino seinen Gästen abwechslungsreichen Urlaub in einer der schönsten Regionen Europas.

Vom Etschtal ins Valsugana (Anreise)

Von Norden über die Brennerautobahn kommend, verlässt man diese ein gutes Stück vor Trient auf der Strada Statale 47 Trient - Padua (SS47). Nach Ende des Tunnels geht es gleich spektakulär durch eine enge Schlucht, wo noch weitere Tunnel folgen. Bald öffnet sich die Landschaft und die **Bergkuppen des Lagorai** tauchen am Horizont auf. Nach Überquerung des Flusses Torrente Fersina, der aus dem Fersental kommend bei Trient in die Etsch mündet, befindet man sich im **Alta Valsugana**, also im oberen, nördlichen Teil des Suganertals. Das nach dem Fluss benannte **Fersental** (Valle dei Mocheni) ist noch heute von den ehemals deutschen Einwanderern

geprägt, die hier im 14. und 15 Jahrhundert als Lehensleute angesiedelt wurden. Die ersten Siedler gruben im Tal nach Kupfer und Silber und lebten später immer mehr von der Landwirtschaft und vom Straßenhandel. Heute sprechen noch ca. 1 000 Menschen ein spezielles Deutsch, das **Fersentaler Idiom** - eine alemannisch-bayrische Mundart, die stark von Tiroler Einflüssen geprägt ist. Ihre Verwendung war in den früheren Jahrzehnten stark zurückgegangen, doch diese Entwicklung konnte in den letzten Jahren gestoppt werden. Die regionale Politik hatte verschiedene Maßnahmen ergriffen, um die Minderheit und deren Sprache zu stärken.

Mit dem Auto, mit der Bahn, mit dem Rad oder zu Fuß?

Das Valsugana ist verkehrstechnisch bestens erschlossen. Über die Straßen braucht man nicht viel zu reden; sie sind bequem, ja, aber von der Schönheit des Tals bekommt man auf diesem Wege am wenigsten mit. An manchen Stellen des Valsugana wirkt die teils vierspurige Straße geradezu wie ein Fremdkörper, dominiert die Natur mit Beton, Abgasen und Lärm.

Die Bahn ist Gold wert!

Die Bahnlinie verläuft ebenfalls entlang der Brenta und fährt von Trient bis Bassano del Grappa. Nahezu stündlich verkehren hier die Züge und man kommt bequem von Dorf zu Dorf. Die Bahnhöfe liegen nicht immer zentral im Ort, aber nie so weit weg, dass man zu Fuß nicht weiterkäme. Zunächst geht es aber von Deutschland aus über die Alpen, am sinnvollsten über den Brenner nach Trento. **Zwei Verbindungen bieten sich an**: die eine verläuft über München, die andere über Bregenz durchs Inntal. Wer sein Fahrrad mitnehmen möchte, hat es in den Sommermonaten schwer; von Deutschland ist eine Fahrkarte mit Fahrradreservierung faktisch kaum buchbar. Das Problem dabei: es gibt, bedingt durch die zahlreichen Wechsel von Saisonfahrplänen, nur kurze Buchungszeiträume, was eine langfristige Planung nicht zulässt. Ärgerlich! Über die Deutsche Bahn ist es folglich fast unmöglich, im Sommer Reservierungen vorzunehmen. **Besser sieht es bei der Österreichischen Bahn aus**: ab Bregenz geht es mit dem Zug nach Innsbruck und dann weiter nach Trento; meistens ist die Buchung mit Fahrradreservierung möglich (online bei oebb.at).

Bahnticket inklusive!

Wer im Valsugana eine Unterkunft bucht, hat Anspruch auf die **Trentino Guest Card**, die Bahnfahren für den jeweiligen Buchungszeitraum **kostenlos** macht, und das im gesamten Trentino. Die Karte gibt es nur digital per App, ein Smartphone ist also von Nöten. Der Gastgeber stellt bei Anreise einen Freischaltcode bereit, der in der App eingetragen werden muss. Tritt man eine Bahn- oder Busfahrt an, **muss man lediglich den QR-Code einscannen**, der an den Bahnhöfen und Haltestellen aushängt. Die App prüft die Angaben und stellt die Fahrt auf ‚**frei**'. Achtung: Fürs Fahrrad muss trotzdem eine Tageskarte für zwei Euro (Stand: 2022) gekauft werden. **TIPP** | In ganz Südtirol/Trentino/Venetien werden Tageskarten für die öffentlichen Verkehrsmittel angeboten, die preislich sehr interessant sind. Beim Kauf am Schalter wird man glücklicherweise meist darauf hingewiesen, am Automat kann es in der Hektik schon mal unübersichtlich werden.

Radfahren wird großgeschrieben!

Der Fahrradtourismus wird im Valsugana immer wichtiger; vor allem die elektrische Variante wird zunehmend nachgefragt, die Infrastruktur entsprechend ausgebaut. Auch die Hotellerie passt sich langsam dem Verhalten der Touristen an und bietet den Bikern so manche Zusatzleistungen wie Aufladestationen, Werkstattzugang und Pannenservice. Auch die Fahrradvermieter haben nicht geschlafen und haben Bikes aller Art im Angebot.

Ciclobile della Valsugana oder Ciclopista del Brenta?

Beide Radwege verlaufen zum Großteil gleich und werden meist als Synonym verwendet. Die Brenta-Strecke beginnt am südlichen Caldonazzosee im Ort Caldonazzo und führt auf ca. 205 km über Padua nach Venedig. Der Ciclobile della Valsugana beginnt in San Cristoforo am Caldonazzosee, endet in Bassano del Grappa und ist ca. 80 km lang. Viele Urlauber fahren die Strecke an einem Tag hin und zurück. Wir empfehlen aber, sie etwas mehr zu genießen: Angefangen mit einem ein- bis mehrtägigen Aufenthalt rund um Caldonazzo oder Levico Therme, gefolgt von Zwischenhalten in Borgo Valsugana und am Lago di Corlo. Abschließend kann man die Tour in Bassano del Grappa mit ein oder zwei Nächten ausklingen lassen, und schon ist eine Woche vorbei. Infos über Leihfahrräder und Service rund um die Radtour finden sich unter www.valsuganarentbike.com und www.inbikevalsugana.it.

Stets wild und natürlich. Die Radstrecke verläuft entlang der Brenta auf meist asphaltierten Nebenstraßen und Radwegen, selten Schotter. Schilder, die überall an der Strecke zu finden sind, geben Hinweise auf Sehenswürdigkeiten, Gasthäuser und Versorgungsstationen - drei der berühmten und beliebten „**Bicigrills**" befinden sich entlang der Strecke und bieten einen Imbiss, Werkzeug, Luft und Strom, letzteres meist sogar kostenlos.

Der erste Teil der Route liegt auf der berühmten Via Claudia Augusta, folglich informieren unzählige Informationstafeln über die Geschichte des Tals, die eng mit der alten Handelsstraße verbunden ist. **Die wahre Attraktivität dieses Radwegs sind aber die Brenta und das Tal selbst**; der Fluss zeigt sich natürlicher und schöner als zum Beispiel die Etsch. Teilweise wirkt er mit seinen Ufern wie eine Auenlandschaft. Die Berge sind zerklüftet und ragen vor allem im südlichen Abschnitt steil auf - **ein echtes Naturerlebnis**! Für Stadturlauber bietet Bassano del Grappa am Ende der Strecke ein wahres Highlight. Nicht nur der berühmte Grappa wurde hier gebrannt, Bassano ist auch eine bezaubernde, mittelalterliche Stadt mit Flair.

Pergine Valsugana als Tor ins Valsugana

Der erste Ort im Tal ist Pergine Valsugana. **Die lebhafte und sehenswerte Stadt** ist von der beeindruckenden Schlossanlage **Castel Pergine** oberhalb des Ortes auf dem Colle Tegazzo geprägt. Die Burg gilt in ihrer Gestalt und Bausubstanz als weitgehend original, wenn man von einer angeblich römischen Festung, die hier mal gestanden haben soll, absieht. Die ersten Erwähnungen stammen aus dem 9. Jahrhundert, die Bauten gehen im Wesentlichen auf das 16. Jahrhundert zurück. Das Castel ist von einer wuchtigen Mauer umgeben, die nur zum Ort hin geöffnet und von mehreren Türmen unterbrochen ist. Lange Zeit kümmerte sich die Gemeinde Pergine um den Erhalt und die Nutzung der Burg, die finanziellen Mittel standen aber nicht immer ausreichend zur Verfügung. In den 1950er Jahren wurde sie an ein Schweizer Unternehmen verkauft, das die Burg zu einem gehobenen Hotel samt Restaurant umbauen ließ. Seit 2018 wird das Castel von einer Stiftung geführt, der Hotelbetrieb läuft wie gehabt weiter. Der Gast kann zwischen historisch und modern eingerichteten Zimmern wählen und in einem der Türme ist auch eine Suite untergebracht. (Weitere Infos unter www.castelpergine.it.). Der Weg hinauf zum Castel führt von Pergine über eine Fahrstra-

Castel Pergine

ße und mehrere Fußpfade, die zum Teil noch historisch gepflastert sind und bei Nässe vermieden werden sollten (Glättegefahr). Nach wenigen Kehren erreicht man die Burg und betritt sie durch das Burgtor. Viele Rosenbüsche, die allesamt Namen haben, säumen den Weg, und die ersten Blicke auf das Ensemble werden frei: durchaus beachtlich! Nur die Außenanlagen sind begehbar und bieten zahlreiche Weitblicke in die Umgebung; Infotafeln beschreiben die sehenswerte Bergwelt rundherum. Die unterste Etage der Burg ist zugänglich, sie beherbergt Wechselausstellungen. Zum Ristorante geht es über eine Rundtreppe. Insgesamt lohnt sich der Besuch der Burg. Das **Gasthaus Locanda Ca'Stalla** versorgt die Besucher mit kleinen Gerichten und Getränken. Öffentliche Führungen durch die Burg können per Mail gebucht werden und dauern ca. 1,5 Stunden.

Schnell ist man wieder unten in der Stadt, die durchaus sehenswert ist. Für Besucher interessant sind die zahlreichen Kirchen im Ort und in der näheren Umgebung. Die **Chiesa Parrocchiale della Natività di Maria** mit großzügigem Vorplatz, erbaut im spätgotischen Stil, wird von den Perginesern nur **Césa grande** (große Kirche) genannt. Sie wurde im 12. Jahrhundert aus rotem Sandstein errichtet und ab 1863 in die heutige Gestalt

versetzt. In direkter Nachbarschaft befindet sich die **Chiesa di San Carlo** (Bild) aus dem 14. Jahrhundert, in der ehemals auch Messen in deutscher Sprache gelesen wurden. 1981 wurden bei Renovierungsarbeiten Fresken entdeckt, die als die ältesten im Raum Pergine gelten und aus Böhmen stammen sollen. Einen Besuch wert ist auch das **Convento dei Santissimi Redentore** an der Piazza San Francesco, das zwischen 1906 und 1908 mit den für die Region typischen roten Ziegeln errichtet wurde. Neben der Klosterarbeit kümmern sich die Franziskaner-Mönche um die Gemeinde, leisten Seelsorge und bieten weitere wertvolle, soziale Angebote.

Pergine ist aber vor allem für seine attraktive Innenstadt mit hübschen Cafés, angesagten Restaurants und interessanten Geschäften bekannt. Lohnend ist das sogenannte magische Viereck zwischen der berühmten Via Maier, der nicht weniger bekannten **Via Cesare Battisti**, der **Chiesa Santa Maria** und dem Kloster der Franziskaner. Dort findet das touristische wie auch einheimische, pulsierende Leben statt. Treffpunkt für alle am Abend ist die **Piazza di Municipio** (Bild S. 19), wo sich zwei der wichtigsten Gebäude der Stadt befinden: das Rathaus (municipio, auch ehemaliges Zollhaus) und ein alter Palazzo mit zwei authentischen Rundbogenpor-

Via Tommaso Maier

talen. Typisch für die Ortsentwicklung ist die **Via Tommaso Maier**, die den Namen jenes Herrn Maier trägt, der maßgeblich zur Trockenlegung des Moores rund um Pergine beigetragen hatte. Die Straße trug einst den Namen **Contrada Taliana** (italienisches Viertel), um sie von der **Contrada Todesca** (deutsches Viertel) zu unterscheiden. Zahlreichen, im Renaissance-Stil erbauten Stadthäusern begegnet man bei kleinen Spaziergängen durch die Prachtmeile. Pergine hält noch viele weitere Besonderheiten bereit, die man bei einem einstündigen Stadtbummel entdecken kann; die Gemeinde hat fast jede Sehenswürdigkeit mit einer dreisprachigen Infotafel versehen. Sehr gastfreundlich! Der große Wochenmarkt findet ganzjährig am Samstag von 7.30 bis 13 Uhr statt.

Die Museumslandschaft in Pergine ist vielseitig, so lohnt sich ein Besuch im **Schulmuseum** (Museo della Scuola) oder im Museum der Landwirtschafts- und Handwerksgeräte. Das Schulmuseum wurde 1997 von einigen Lehrern der Grundschule Don Milani gegründet. Hier sind Gegenstände aus der Gründerzeit ausgestellt, ebenso Verschiedenes rund um Didaktik und Pädagogik. In Zeiten ohne Corona finden Stadtführungen immer Dienstag ab 15.30 Uhr in italienischer und deutscher Sprache statt. Treffpunkt ist am Schloss-Parkplatz auf der Pian di

Panizza; die Führung dauert ca. 2 Stunden und kostet 3 Euro. Anmeldung in der Tourismuszentrale in Pergine.

Ausflug zum Trio Lago

Etwa 5 km nordwestlich befindet sich das kleine **Naherholungsgebiet Lago di Canzolino und Lago di Maldrano**. Am Canzolino gibt es ein kleines Wellness-Hotel - das Residence Hotel Miralago - und ein nettes Restaurant mit Seeblick-Terrasse. Ein schmaler Pfad führt um den See herum, der vor allem von Anglern genutzt wird. Ganz in der Nähe - und vom Weiler Vigalzano zu Fuß erreichbar - befindet sich das **Biotopo Lago Pudro**. Die kurze Wanderung, eher ein angenehmer Nachmittagsspaziergang, um den See informiert über das Biotop; da das Areal teilweise sumpfig ist, verlaufen einige Passagen auf Holzstegen. Das Trio komplett macht der kleine **Lago di Madrano**, der halbseitig von dichtem Wald und von Weinbergen eingerahmt ist.

Das Fersental

Das Fersental, (in Fersentaler Mundart: Bersntol, Italienisch: **Valle del Fersina** oder **Valle dei Mocheni**), ist eine deutsche Sprachinsel im Trentino. Die Fersentaler Dörfer Eichleit (Roveda) und Gereut (Frassilongo) bilden eine Gemeinde, Florutz (Fierozzo), die aus den Weilern St. Francesco und St. Felice besteht. Den Talschluss bildet **Palai** (Palù del Fersina). Im auf der rechten Talseite gelegenen Hauptort **Sant'Orsola Terme** wird heute vorwiegend Italienisch gesprochen. **Von Palai aus führen spektakuläre Wanderungen in die Bergwelt der unteren Lagorai-Bergkette**, und auch per Bike lässt sich die Gegend wunderbar kennenlernen. Beliebt ist eine 18 km lange Runde von Canezza auf der SP135 über Frassilonga hinauf nach Palai und über eine nördlich versetzte Route (meist Waldwege) wieder zurück.

Übernachten in Pergine Valsugana

Etwas außerhalb: **Residence Hotel Miralago**. Direkt am See und mit Wellnessangeboten; nichts Großartiges, aber in Ordnung. Via Lungolago 41. +39 (0)461 552403. www.miralagotrentino.com. **B&B La Bottega**. Sehr gut geführtes B&B; Martina versorgt ihre Gäste mit bestem

Frühstück und liebevollem Service. Via dei Cortellini. +39 (0)349 492 5917. www.bblabottega.com.

Gut essen in Pergine

Osteria al Moro. Bestes Restaurant am Ort; regionale Küche mit angenehmer Atmosphäre. Via 3 Novembre, 28. +39 (0)461 532108. www.osteriaalmoro.it. **Ristorante Pizzeria Alla Corte**. Wunderbare Pizza, regionale Produkte in freundlicher Umgebung. Via Al dos de la Roda 41 Loc. Cirè. +39 (0)461 531710.

Samstag ist Wochenmarkt.

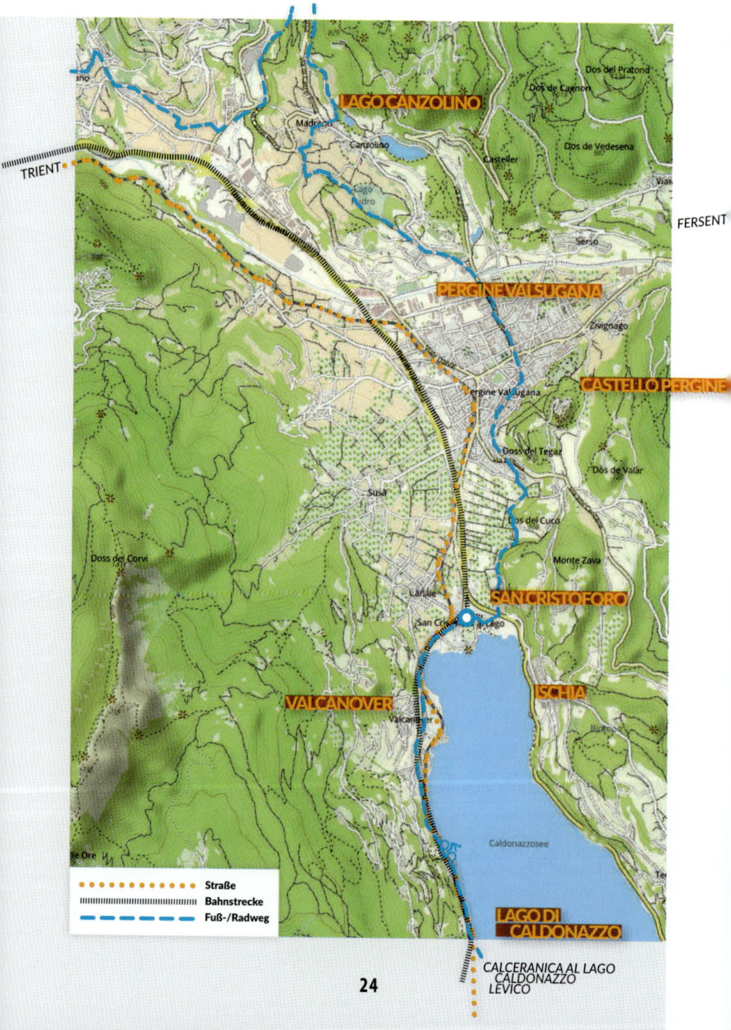

Weitere Ortsteile (Fractione) von Pergine Valsugana

San Cristoforo al Lago

San Cristoforo al Lago liegt am Nordufer des Caldonazzosees. Die **Pfarrkirche San Cristoforo**, die dem Ort seinen Namen verdankt, liegt auf der Kuppe eines kleinen Hügels im östlichen Ortsteil. Die Kirche geht auf das 13. Jahrhundert zurück und wurde im 16. Jahrhundert und im 18. Jahrhundert umgestaltet. Das gotische Portal und der Glockenturm aus dem 14. Jahrhundert sind mit Ausnahme der Turmspitze und der Chorwände vom ersten romanisch-gotischen Bau erhalten geblieben; der gotische Teil des Presbyteriums wurde bei den Restaurierungen von 1905 bis 1906 hinzugefügt und das Altarbild von San Cristoforo ist ein typisches Motiv des 18. Jahrhunderts. Die Glocke stammt aus dem Jahr 1522. Historiker gingen zwischenzeitlich davon aus, dass die Kirche auf den Grundmauern eines Tempels errichtet wurde, der Göttin Diana und Gott Neptun gewidmet war, was sich allerdings als falsch herausstellte. 1972 wurde der Glockenturm durch einen Blitz beschädigt und die Turmspitze anschließend wieder aufgebaut; dabei hat man ihre ursprüngliche Pyramidenform wiederhergestellt.

Fischerhütten in Cristoforo

Unterhalb der Kirche - zum See hin - lag einst das alte Ortszentrum, das vor allem von der Fischerei geprägt war. **Zwei der alten Fischerhäuser aus Holz, die alte ‚Hafenanlage' sowie mehrere Bootshäuser sind noch erhalten**. Eines der Gebäude wurde kürzlich restauriert und soll als Heimatmuseum genutzt werden. San Cristoforo war bis ins 18. Jahrhundert von Sumpf umgeben, der sich bis nach Pergine erstreckte. Der Ort war lediglich über einen Holzsteg mit dem Ufer verbunden. 1777 begann die Trockenlegung des Sumpfes durch die Gemeinde Pergine Valsugana. Danach war der Raum für den weiteren Ausbau des Dorfes geschaffen.

1988 wurde ein fast 10 ha großer Bereich östlich des Ortes in ein Feuchtbiotop umgewandelt. Das **Biotopo Canneti di San Cristoforo** dient hauptsächlich als Nistgebiet für Wasservögel wie den großen Taucher, die Wasserralle, die Stockente, den Graureiher und den Kormoran. Zu den im Winter anzutreffenden Arten gehören Zwergtaucher, Reiherente, Tafelente und Gänsesäger. Tipp für Freunde der Seerose: Am Nordostufer kann man ein riesiges Seerosenfeld besuchen (direkt im Anschluss an das Biotop). Zurück im Ort: vorne am See befindet sich das ehemalige **Lido Seehof** (heute Lido di San Cristoforo), dessen Name auf eine interessante Geschichte hinweist.

Das Bad gehörte einst zum Hotel Lido Seehof der Familie Sontacchi, die vor gut 100 Jahren den Tourismus am See einläutete. Eine für die frühen 2000er Jahre geplante und teilweise durchgeführte Modernisierung des Hotels mit Wellness-Angeboten nahm allerdings 2014 ein jähes Ende. Sontacchi musste Insolvenz anmelden und das Haus wurde dem Verfall überlassen. Seit 2016 wird das Strandbad mit dem historischen Namen weiterbetrieben, bietet Liegestühle, ein gutes Restaurant und Zugang zum See. Vom aufgeschütteten Sand ist allerdings nicht jeder Gast begeistert.

Übernachten in San Cristoforo al Lago

La Perla del Lago. Schönes Anwesen oberhalb der SS47 mit Weitblick über den See und das Tal; große 4-Zimmer-Wohnung ab ca. EUR 900. Buchbar bei booking.com, interchalet etc. **Appartamenti Lago Blù**. Hier stimmt einfach alles, Wohnungen, Gastgeber und Preis. Viale Europa, 37. +39 (0)342 1210251. appartamentilagocaldonazzo.com. **TIPP** | **Campingplatz San Cristoforo**. Schöner, parkähnlicher Platz mit Pool. Preise: EUR 54 für einen Platz inkl. 4 Personen. Via dei Pescatori, 49. +39 (0)461 329 642. www.campingsancristoforo.it.

Gut essen in San Cristoforo al Lago

La Darsena. Das Restaurant gehört zum Campingplatz San Cristoforo. Ordentliches Angebot an Pizza, Fleisch, Fisch und Pasta. Via dei Pescatori, 47. +39 (0)328 0364129. **Lido di San Cristoforo**. Tolle Lage am See; gute Küche. +39 320 8176497. **TIPP** | Sehr gut isst man im **Ristorante Al Faro** am südöstlichen Ortsende von San Cristoforo; die meisten Gäste sind begeistert, von der Seeterrasse und vom Essen! Via Valsugana, 18. +39 (0)461 1350702.

Ischia

Ischia (sprich Isskia) ist ein Teilort von Pergine Valsugana am Nordostufer des Lago di Caldonazzo. Das kleine Dorf in Hanglage bietet einen spektakulären Blick auf den Caldonazzosee und die angrenzende Bergregion; die Sonne scheint hier bis in den späten Abend! Die **Pfarrkirche Santo Stefano** stammt aus dem 15. Jahrhundert und zeigt Fresken von Metodio Ottolini. Die Gemeinde ist mit nur ca. 400 Einwohnern zwar sehr klein, aber wegen der Nähe zu den Stränden von San Cristoforo als Urlaubsort sehr beliebt. **TIPP** | Wunderbar essen kann man ganz in der Nähe im Ristorante **Ca'Rossa mit Seeterrasse** zu anständigen Preisen; das Gasthaus mit Übernachtungsmöglichkeit liegt unten am See direkt an der SS47 unterhalb des Ortes (für Lärmschutz ist gesorgt!). Alternativ besucht man das **Ristorante Al Faro**, das nördlich des Ortes - aber ebenfalls direkt am See - liegt. Mit Blick auf den Lago verbringt man in der Ferienwohnung Lake Apartment Ischia einen ruhigen und erholsamen Urlaub (über booking.com buchbar). Gut und günstig ist auch das **Albergo Concordia** im Ortszentrum in der Nähe des kleinen Lebensmittelladens. Insider**TIPP** | Sehr beliebt, mit Außenpool und zum Ort Tenna gehörend, bietet das Hotel Villa Margherita echtes Urlaubsfeeling; www.hotelmargherita.it.

Hinter Ischia geht es auf der Verbindungsstraße direkt nach Tenna oder per Bike sinnvoller und verkehrsärmer über Campolongo und Serafini. Auf dieser Strecke kommt man auch am **Agritur sedici** vorbei, wo man sein Frühstück mit wunderschönem Blick auf den Caldonazzosee genießen kann (s. Tenna/Übernachten).

Tenna (inter laghi)

Tenna liegt an der berühmten alten Handelsstraße **Via Claudia Augusta**. Davon zeugt ein römischer Stein auf dem zentralen Platz. Auch ansonsten wirkt das kleine Städtchen sympathisch. An erster Stelle zu nennen ist die Pfarrkirche Annunciazione Beata Vergine Maria im Ortskern. Sie wurde im 18. Jahrhundert gebaut und 1828 geweiht, die innere Gestaltung war gerade abgeschlossen. Der Bau des Glockenturms begann 1835 und wurde 1842 mit dem Einbau der Uhr fertiggestellt. Später wurde die Sakristei vergrößert, der Stuck sowie verschiedene Teile des Langhauses und der Apsis über-

arbeitet. Die letzte Renovierung erfolgte 2007, dabei wurden der Friedhof und der Kirchplatz modifiziert. Das Gotteshaus steht am zentralen Platz im Ortskern, ebenso das Rathaus, ein Restaurant und ein kleiner Lebensmittelladen. **Einen schönen Aussichtspunkt bildet das Forte di Tenna am südlichen Ortsende**. Es wurde als Befestigungsanlage der österreichisch-ungarischen Streitkräfte 1884 bis 1890 erbaut. Die Lage war Programm: Man konnte von hier oben das gesamte Tal überblicken und etwaige Truppenbewegungen aus dem südlichen Valsugana erkennen und dagegen angehen. Schwierig gestaltete sich der Bau der Anlage. Es gab oben am Berg kein Wasser und somit musste es neben den Baustoffen mühsam nach oben geschafft werden. Da dies zu langwierig und kräftezehrend war, band man früh eine Leipziger Firma ein, die sich auf effektive Seilbahnsysteme spezialisiert hatte. Der Bau ging ab da zügig voran und das Forte konnte nach fünf Jahren fertiggestellt werden.

Leider ist das Monument aktuell komplett eingezäunt und scheint der Natur überlassen zu werden; schade! Schön ist trotzdem der Blick vom Picknickbereich auf den Levicosee. **Von hier aus startet auch der schattige Abstieg hinunter an den Caldonazzosee, der an der Chiesa di San Valentina vorbeiführt**.

Für Wanderer hält die Kommune einen Flyer mit dem vielversprechenden Namen ‚**Il Sentiero degli Gnomi**' bereit. Insgesamt werden sechs Wanderungen vorgestellt, die in allen Richtungen die nähere Umgebung von Tenna thematisieren. **Erfrischungen gibt es am Lido di Tenna**, unten am Caldonazzosee; die Birreria Dolomiti sorgt mit einer Seeblick-Terrasse für Urlaubsfeeling.

Übernachten in Tenna

Casa Belvedere. Beste Aussicht auf den Lago di Caldonazzo. Via Alberè, 89. +39 (0)347 455 2500. Buchbar über die gängigen Portale. **Agritur Sedici**. Modern interpretiertes Agriturismo; sehr schöner Blick. Via dei Pianari 5. +39 (0)348 8923568. www.agritur16.it.

Gut essen in Tenna

Veg Point. Vegetarisches/veganes Restaurant mit kleiner Außenterrasse; originelle Ideen begeistern die Gäste. Via Albere, 22. +39 (0)461 700149. **Pizzeria Margherita**. Loc. Pineta di Albere 1. +39 (0)461 701460. www.pizzeriamargheritatenna.it. **Bar Pizzeria One Rosso**. Typisch italienische Pizza mitten im Ort; kleine Terrasse. Via Alberè, 28. +39 (0)380 7767618.

Wanderung: Runde um den Colle di Tenna

Die besten Ausblicke hat man bekanntlich von oben! Deshalb kann diese schöne und abwechslungsreiche Wanderung nur empfohlen werden. **Der ca. 12 km lange Rundweg** führt durch die wunderbare Landschaft zwischen Caldonazzo- und Levicosee und weist ein Höhenprofil von ca. 350 m auf. **Startpunkt ist das Hotel Villa Margherita**, aber auch andere Anfangspunkte sind möglich. Die Strecke verläuft auf Nebenstraßen, Feldwegen und Wanderwegen. Zunächst geht es aber hinab zum Levicosee, dessen Westseite man kennenlernt. Anschließend folgt der Aufstieg nach Tenna mit Besuch des **Forte di Tenna** (von außen); weiter auf schmalen Wanderpfaden zur Chiesa di San Valentina und Abstieg bis fast zum Caldonazzosee, wo man im **Ristorante al Sole** einkehren kann. Es folgt ein langer Höhenweg unterhalb von Tenna bis fast vor Ischia mit tollen Blicken auf den See. Nach einem kurzen Aufstieg ist man wieder am Hotel.

In der benachbarten Pizzeria kann man zum Ausklang ein erfrischendes Getränk genießen. Streckenlänge 12 km, Auf-/Abstieg 350 m, Dauer 3 h.

Valcanover

Valcanover ist ein kleines Dorf am Nordwestufer des Caldonazzosees. **Der Ort bietet einige gute Restaurants und Unterkünfte, auch der Strandbereich mit Beachbar ist attraktiv**. Von San Cristoforo kommend am Bahnübergang einfach der schmalen Strandstraße (Via delle Spiaggette; Achtung Sackgasse!) folgen; nach ca. 200 m erreicht man die Bar Smile und eine kleine Liegewiese. Neben kleinen Snacks gibt es ein Tagesgericht für den kleinen Geldbeutel. Leider geht es von hier weder zu Fuß noch mit dem Bike weiter; man muss zurück.

Ein weiteres sehr schönes Strandbad gibt es am südlichen Ortsausgang; dazwischen liegt ein kleines Zentrum mit einem Lebensmittelmarkt, Restaurants und weiteren kulinarischen wie sportlichen Angeboten. Beim Campingplatz, der sich an der Landspitze von Valcanover befindet, hat auch das **Segelzentrum des Lago di Caldonazzo** seinen Sitz - die Associazione Velica Trentina. Der Verein bietet auch Segelkurse für Touristen an. An den Sommerwochenenden ist hier richtig etwas los, zahlreiche Trentiner machen Picknick am Strand oder schauen auf eine Pizza im Ristorante Albergo Valcanover vorbei.

Zu erwähnen ist noch die kleine Chiesa di San Antonio etwas oberhalb, am Ende der Via di San Antonio. Auch schöne Ausblicke auf den See finden sich oberhalb des Ortes, wenn man z.B. mit dem Bike zu den höher gelegenen Dörfern fährt. **TIPP** | **Camping Punta Indiani** liegt direkt am See und verfügt über ein Dutzend Traumplätze am Seeufer; diese sind ab EUR 35 in der Nebensaison und EUR 58 in der Hauptsaison zu bekommen. Es gibt auch Mobilhomes. Der Platz ist von Mitte Mai bis Ende September geöffnet. Via di Mezzolago, 2. 38057 Pergine Valsugana, +39 (0)461 548062. www.campingpuntaindiani.it. Wer die steile Auffahrt nicht scheut, wird bei einer Übernachtung im **B&B Alba Sul Lago** mit einem der schönsten Blicke auf den See belohnt. DZ um die EUR 99. **TIPP** | Für Freunde des MTB bieten sich zwei attraktive Rundtouren an: der sogenannte **Kastanienwaldrundweg** von Valcanover über Bosentino, Vattaro und Calceranica al Lago (19 km; outdooractive) und die **Marzolaumrundung** von Valcanover über Roncogno und Bosentino (28 km; gpstour.info).

Lago di Caldonazzo

Der Lago di Caldonazzo

Nur knapp fünf Kilometer lang ist dieser malerische Alpensee, dennoch ist er der größte im ganzen Trentino. Er ist 4,78 km lang und an der breitesten Stelle 1,78 km breit; die Oberfläche misst 5,6 km², die tiefste Stelle liegt 47 m unter der Wasseroberfläche. Wichtigster Zufluss ist der **Fiume Màndola bei Calceranica al Lago** und größter Abfluss die **Brenta** im Südosten des Sees.

Der Lago di Caldonazzo hat sich in Italien einen Ruf als **Eldorado für Wassersportler** erworben. Segeln, Rudern und Surfen sind sehr beliebt, und die staatliche Universität von Trient hat am Ufer ein Wassersportzentrum errichtet. Sehr erfolgreich ist auch der **Segelverein Associazione Velica Trentina** mit zahlreichen Wettbewerben über das ganze Jahr. Die italienische Wasserski-Nationalmannschaft findet am See ausgezeichnete Bedingungen vor, und die mehrmalige Kanu-Weltmeisterin Josefa Idem, die ehemals für Deutschland startete, absolvierte am See ihre Vorbereitung zu den Olympischen Sommerspielen 2012.

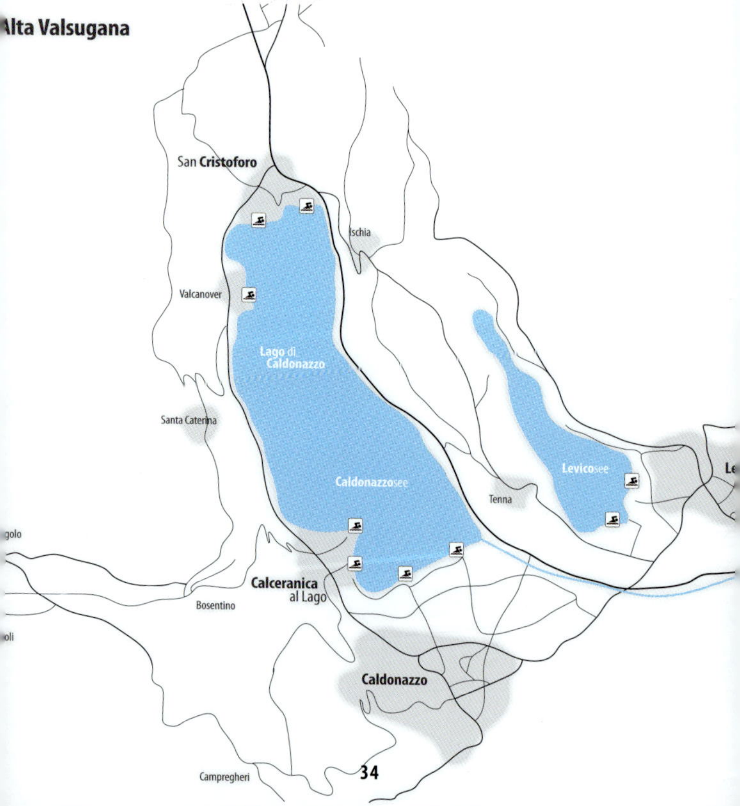

An mehreren Uferbereichen des Sees gibt es Badestellen, was der Flora und Fauna der Umgebung glücklicherweise kaum geschadet hat. Wer am frühen Morgen oder am späten Nachmittag einen Spaziergang am Ufer macht, kann immer mal wieder **Raubvögel wie den Bussard und den Falken** beobachten, die sich am Fischreichtum des Sees bedienen. Aber auch **Kiebitz, Brachvogel und Schnepfe** werden regelmäßig gesichtet. Obwohl die Region rund um den kleinen See mittlerweile rund eine Million Übernachtungen jährlich registriert, haben die Dörfer ihren Charme bewahrt. Viele Urlauber sind Stammgäste, die Jahr für Jahr die Abgeschiedenheit des Caldonazzosees und im Sommer die warmen Wassertemperaturen von mehr als zwanzig Grad genießen. Selbst Taucher kommen hier auf ihre Kosten, weil die Qualität des Wassers ausgezeichnet ist. In den letzten Jahren wurden mehrere Badestrände am westlichen und südlichen Ufer mit dem begehrten Blauen Band ausgezeichnet.

Die Orte im Süden des Lago di Caldonazzo

Der südliche Teil des Sees ist zweifelsohne bei den Gästen am beliebtesten. Hier konzentriert sich die **Campingszene** mit insgesamt acht Plätzen für mehrere Tausend Gäste, sodass im Sommer schon mal die Kapazitäten aller Einrichtungen an ihre Grenzen stoßen. Wer auf heiße Tage mit 30 °C Durchschnittstemperatur verzichten kann, wählt ohnehin lieber die Vor- und Nebensaison mit Temperaturen zwischen 20 und 25 °C.

Der südliche See

Calceranica al Lago

Calceranica hat eine sehr lange Geschichte. Ursprünglich war es nur eine kleine Befestigungsanlage, als der Ort in römischer Zeit langsam die Gestalt einer Siedlung annahm. Dies wurde durch archäologische Funde wie ein der Göttin Diana geweihter Altar, eine Nekropole und zahlreiche Münzen bestätigt. Im 19. Jahrhundert wurden wesentliche Veränderungen angestoßen: **die Trockenlegung der Sümpfe, neue Straßen, die Entwicklung der Landwirtschaft**. Der Aufbau der Seidenraupenzucht und der Ausbau der Seidenindustrie nahmen zu. 1957 erhielt die Gemeinde den Namen Calceranica al Lago, und eine Zeit tiefgreifender Veränderungen nahm ihren Lauf. Aus einem ländlichen Zentrum mit gemischter Landwirtschaft wurde die Region zu einem wichtigen Industrie- und Tourismuszentrum des Trentino.

Calceranica ist für viele der schönste Ort am Caldonazzosee. Der reizvolle, weitläufige Uferbereich, das klare Wasser, der Freizeithafen und einige Sehenswürdigkeiten machen den Ort interessant. Vom südwestlichen Seeende her - ungefähr ab Höhe des Schilfstreifens - erstreckt sich nach Norden hin das Ortsgebiet mit den ersten Restaurants und einigen Freizeiteinrichtungen.

Ein Rad- und Fußweg verläuft entlang des Ufers: unterwegs trifft man auf den belebten Uferstreifen, der sich bis zum Campingplatz zieht; dort geht es dann nur noch zu Fuß und mit einem Umweg zum Hotel Energy weiter. Im Ort lädt die Chiesa San Ermete, die als älteste Kirche im Valsugana gilt, zur Besichtigung ein, auch das stillgelegte Bergwerk und der **Freizeitbereich entlang des Flüsschens Rio Manola**. Geht man weiter in die Berge hinein, erreicht man bald die wundervolle Hochebene von Vigolana, die zahlreiche Wanderwege und Weitblicke ins Tal und auf den See bietet.

Die Chiesa San Ermete

Die gotisch, romanisch angehauchte Kirche stammt wahrscheinlich aus dem 2. Jahrhundert n. Chr. Die Theorien sind dazu höchst unterschiedlich, klare Belege liefern erst Dokumente aus dem 14. Jahrhundert. Grund für die unsichere Lage ist der Fund einer Stele, die der römischen Göttin Diana zugeschrieben wird. Ob sie im 2., 4. oder 8. Jahrhundert angesiedelt werden kann, ist unklar. Sehenswert ist die Kirche allemal, sie steht zentral im Ort auf einer kleinen Anhöhe. Die Restaurierung und die Erweiterung der Kirche auf ihre heutige Größe wurden im 16. Jahrhundert im Auftrag der Grafen Trapp durchgeführt, woran auch ein Familienwappen und eine Inschrift (datiert auf 1512) erinnern. Im Kirchenraum sind viele Fresken verloren gegangen, manches aber noch zu erkennen. Linkerhand sieht man die Darstellung einer Kreuzigung aus dem Jahr 1578, Inschriften erinnern an den Auftraggeber, einen Cristoforo Bottega. Auf dem Altar befindet sich ein interessantes Altarbild, rechts die Madonna mit Kind mitsamt den Heiligen Lorenzo und Rocco.

Kaum zu übersehen und einen Besuch wert (etwas oberhalb des Ortes in markanter Lage): **die Chiesa di Santa Maria Assunta** (Bild nächste Seite). Sie thront südlich der Verbindungsstraße zwischen Calceranica und dem Bergdorf Vigolo Vattaro in einer Sackgasse. Der Blick von dort oben auf den See ist unschlagbar, mit einer kleinen Wanderung vor Sonnenuntergang in nur 20 min. zu erreichen. Das Besondere: die Kirche selbst zeigt die Merkmale der Renaissance, der Glockenturm ist gotisch, die Basis des Glockenturms jedoch ist romanisch und der Giebel stammt aus dem Barock. Die Kirche wurde vor 1208 erbaut und im

Santa Maria Assunta

Jahre 1537 vollständig erneuert. Sie besteht aus drei Kirchenschiffen und besitzt unter anderem einen Altar aus weißem und schwarzem Marmor sowie eine hölzerne Kreuzigungsgruppe. **Wer der Straße weiter folgt, erreicht die Hochebene Vigolano** (Altopiano della Vigolana) mit den Orten Migazzone, Bosentino, **Vattaro** und Vigolo. Das auf 700 m liegende Hochtal bietet vor allem Freizeitsportlern viele Möglichkeiten, egal ob zu Fuß oder mit dem Bike.

Das Bergwerk von Calceranica

Seit Anfang des 17. Jahrhunderts wurden in der Region **Pyrit und andere Metalle** abgebaut. Wurde in den ersten Jahrhunderten eher sporadisch geschürft, erfolgte nach dem Zweiten Weltkrieg der Abbau im industriellen Stil. Pyrit wird zur Herstellung von Schwefelsäure benötigt; durch oxidierendes Rösten erfolgt zunächst die Umwandlung des Eisensulfids mithilfe von Sauerstoff in Eisentrioxid und Schwefeldioxid. Letzteres wird weiter zu Schwefeltrioxid und schließlich zu Schwefelsäure verarbeitet (lt. wikipedia). Zum Andenken an die Bergbauphase, die zwar wirtschaftlichen Erfolg brachte, aber auch menschliche Opfer gefordert hat, wurde im Rathaus ein Museum ein-

gerichtet. Gezeigt werden die Ausrüstung der Bergleute, Dokumente, Fotos, Karten, Bohr-, Lüftungs- und Transportmaschinen und vieles andere, was zur Verarbeitung des geförderten Materials verwendet wurde. Das Museum befindet sich im Rathaus von Calceranica und ist von Montag bis Samstag von 9 bis 12.30 Uhr geöffnet. Führungen kann man unter +39 (0)461 727700 vereinbaren. Auch das Bergwerk selbst kann man in Form einer interessanten Führung kennenlernen. **Der vorderste Stollen der Leyla-Mine wurde wiederhergestellt und für die Öffentlichkeit begehbar gemacht**. Für kurze Zeit tauchen die Besucher in die Rolle der Bergleute ein, ziehen dazu den typischen Kittel, feste Schuhe und einen Helm an (Taschenlampe und Pickel sind auch dabei) und fahren mit der Lore ein. Der Eingang zur Mine befindet sich am Ende der Via della Miniéra, die man vom Museum aus erreicht, indem man dem Rio Màndola folgt. Eintrittspreise: Erwachsene EUR 5 und Kinder EUR 4 (2021). Informationen und Reservierungen für Oktober – Juni unter +39 (0)461 984462 und von Juli bis September unter +39 (0)377 4465588. Öffnungszeiten von Donnerstag bis Sonntag: 10.30 - 12.30 Uhr und 15.00 - 17.15 Uhr. Der **Sentiero dei Miniatori** (Der Weg der Bergmänner) ist leider seit 2018 gesperrt, die Holzbrücken im letzten Abschnitt der Strecke sind komplett unbrauchbar; schade.

Calceranica ist ein sympathischer Urlaubsort

Im Hochsommer punkten in erster Linie **das klare Wasser**, die Strände und die Campingplätze, die sich alle auf der vom Rio Màndola aufgeschwemmten Halbinsel (Penisola verde) befinden. Am Abend ist die **Via Lungo Lago** Treffpunkt für Urlauber, Einheimische und Nachtschwärmer; mehrmals in der Woche werden Stände aufgebaut und die Ristorante und Bars glühen bis in die Nacht. Tagsüber locken die Badestrände, der Strand ist flach und das Wasser im Sommer angenehm warm. Auf Höhe des Bahnübergangs befinden sich Parkplätze und ein kleiner Bootshafen, eine Bootsvermietung gibt es hier allerdings nicht.

Übernachten in Calceranica al Lago

Kurz vor den Campingplätzen steht ein Hotel im schlichten, italienischen, fast vergessenen Stil. **Das kleine Juwel namens Hotel Piroga** liegt direkt am See und bietet einfache Zimmer mit Colazione, dem berühmten italienischen Frühstück. **Agritur B&B La Barberina**. Super eingerichtet, liebevolles Frühstück und eine nette Gastgeberin. Piazza Sugarina, 8. +39 (0)334 6247104. www.labarberina.it. **Camping Penisola Verde**. Direkt am Ufer, neben den Stellplätzen gibt es auch Mobilhomes; Preise ab EUR 28 für einen Stellplatz, ab EUR 70 für Mobilhomes; geöffnet von Mitte Mai bis Ende September. Via Penisola Verde 5. +39 (0)461 723272. www.penisolaverde.it. **Camping Fleiola**. Ein bisschen Geschichte: Die Brüder Luciano und Fernando Tomasi haben 1962 den Campingplatz auf einem familieneigenen Grundstück eröffnet, auf dem sich Überreste einer nie eröffneten Badeanstalt befanden. Bald schon begrüßten sie die ersten Gäste aus Holland, Deutschland und Italien. Bereits einige Jahre später eröffneten sie eine kleine Bar und richteten die Bungalows ein. Fernando verkaufte 1989 seinen Anteil an Luciano, der mit seiner Familie bis heute den Campingplatz betreibt. Bei der Namensfindung für ihren Campingplatz dachten Fernando und Luciano an die Familie und kreierten aus den Anfangsbuchstaben verschiedener Familienmitglieder, in der Reihenfolge des Alters, die Bezeichnung Fleiola. (Infos von www.campingfleiola.it). Preise ab EUR 25 für einen Stellplatz, ab EUR 30 für einen Bungalow und ab EUR 60 für ein Mobilhome. Via Trento, 42. +39 (0)461 723153. www.campingfleiola.it.

Weitere sechs Campingplätze finden sich an der südöstlichen Seite des Sees: Camping Punta Lago, Camping al Pescatore, Camping Belvedere, Camping Riviera, Camping Spiaggia und Camping Mario Village.

Gut essen in Calceranica al Lago

Im Ort selbst gibt es nur wenige gute Restaurants; die Speisestätten an den beiden Campingplätzen erreichen nur Snackbar-Charakter und mehrere Bars und Eisdielen finden sich zerstreut im ganzen Ortsgebiet. Besser sieht es entlang der großen Bucht südöstlich des Ortes aus, wo sich ein Campingplatz an den anderen reiht. Entsprechend hoch ist die Anzahl an Pizzerien und Restaurants. Ristorante Al Pescatore. Via Lungolago, 74. +39 (0)461 723425. www.alpescatore.restaurant. Restaurant Pizzeria Riviera. Viale Venezia, 8.+39 (0)461 724173. www.ristorante-riviera.com. **TIPP** | Gutes Eis, kleine Snacks und freundlichen Service gibt es in der Gelateria Bellavista!

Der **Wochenmarkt** findet immer am Donnerstag von 8 bis 13 Uhr auf der Piazza Municipio im oberen Ortsteil statt, wo auch das Tourismus-Büro seinen Sitz hat.

PERGINE VALSUGANA
TRENTO
Monte Zava
Canale
Caldonazzosee
Levicosee
TENNA
CALCERANICA
CALDONAZZO
Caldonazzo
ROCEGNO
BORGO
Vattaro
Sommi
Straße
Bahnstrecke
Fuß-/Radweg

Caldonazzo

In dem Ort, der dem See seinen Namen gegeben hat, lebten ursprünglich Bauern und Hirten. In der Ebene zwischen dem Seeufer und dem Fluss Centa hatten sie im frühen 11. Jahrhundert Hütten, Gehöfte und später ganze Dörfer errichtet. Jahrhunderte zuvor hatten die Römer auf den Anhöhen rund um den heutigen Ort Kontrollposten, Lager und Verschanzungen gebaut; worauf zahlreiche Funde hindeuten. Der Ausbau des Dorfes zur heutigen Ortsstruktur fand zwischen dem 14. und 17. Jahrhundert statt, wobei die Donaumonarchie eine kleine, aber interessante Rolle spielte. Nicht nur wurden Befestigungsanlagen entlang der damaligen Grenze gebaut, auch im zivilen Leben waren es Österreicher, die die Geschicke des Ortes beeinflussten. Eine wichtige Rolle spielte dabei die österreichische Adelsfamilie Trapp. 1461 verließ diese Familie die Steiermark und ließ sich in Caldonazzo nieder. Noch heute bezeugt ein altes, teilweise verfallenes Kastell zwischen Pfarrkirche und Friedhof das Wirken dieser Familie im Ort. Über 500 Jahre, bis 1961, als der letzte Nachfahr der Trapps starb, war Caldonazzo mit diesem Namen eng verbunden. **Das Kastell mit der vorgelagerten Zinnenmauer dient aktuell als Ort für Hochzeiten und andere Veranstaltungen**. Infos unter www.cortetrapp.it.

Heute ist Gallnötsch, so der alte Name, ein sympathischer Ort mit viel Landwirtschaft, wenig Industrie und gastfreundlichem Charakter. Das wesentliche touristische Leben spielt sich allerdings eher direkt am See und in den anliegenden Gemeinden ab. Caldonazzo liegt geografisch etwas abseits. Trotzdem tut die Gemeinde alles, um ihren Ort für Besucher interessant zu machen. Der Platz vor dem Rathaus ist verkehrsberuhigt, man findet dort die Touristen-Information und einige Lokale. Interessant ist die Via Roma mit zahlreichen ursprünglichen Dorfhäusern, die vom Rathausplatz kerzengerade nach Osten zeigt. **Beim Friedhof findet sich die 2013 renovierte Chiesa di San Sisto aus dem 14. Jahrhundert**. Die erste Erwähnung einer Kirche in Caldonazzo geht auf das Jahr 1304 zurück, und es ist bekannt, dass sie eine Filiale der Pfarrkirche von Calceranica gewesen sein muss. Das Gebäude wurde ab 1612 renoviert und am 2. Juni 1642 vom Bischof von Feltre neu eingeweiht. 1678 wurde zunächst der Glockenturm erhöht und zwischen 1681 und 1682 die Kirche erweitert. Der heutige Bau wurde 1722 fertiggestellt, allerdings zwischen 1835 und

Piazza in Caldonazzo

1836 erneut vergrößert. Nach dem Hochwasser vom 4. November 1966 musste die Kirche saniert werden; die letzte große Renovierung wurde 2013 durchgeführt.

Wanderung: Zum Torre dei Sicconi

Der Turm von Sicconi wurde 1201 erbaut und diente den Herren von Caldonazzo dazu, die Hauptstraßen des Valsugana zu überwachen: die Via Paolina entlang des Suganatals, die Straße entlang des Flusses Centa und die Via Vicenza. **Der Turm befindet sich auf dem Monte Rive in 681 m Höhe** und ist von mehreren Seiten aus zugänglich. Von seiner ursprünglichen Gestalt ist allerdings nicht mehr viel übrig, die Wanderung an sich und die anschließende Einkehr sind Mittelpunkt des Interesses. Sehr beliebt ist der Aufstieg vom Weiler Campregheri, bei dem man ohne nennenswerte Anstiege den Parco Archeologico dei Sicconi erreicht. Entsprechend beliebt ist diese Wandertour bei Familien und am Wochenende. Der 4.5 km lange Weg führt in einer schönen Runde über den Aussichtspunkt Croz de l'Anza Rossa. Alternativ geht vom Rathausplatz in Caldonazzo eine Schotterpiste hinauf zum Turm. Auf youtube gibt es ein Video zum Torre dei Sicconi.

Campingparadies Caldonazzo

Am südlichen Seeende des Lago di Caldonazzo finden sich zahlreiche Campingplätze, die Tausende Urlauber beherbergen können. Trotzdem ist auch im Sommer die Stimmung entspannt und das Badevergnügen ungetrübt. Besonders für Kinder ist der flache Strand ein Segen, es gibt Tretboote und andere Wassersportgeräte zur Miete und auch für das leibliche Wohl ist gesorgt. Dank einiger **Eiscafés wie das Bellavista** macht Urlaub hier am See richtig Laune, nur der Autoverkehr kann ein bisschen stören. Es gibt großflächig Parkplätze. Leider wird auch viel gebaut, an allen Ecken und Enden entstehen Freibäder und andere Freizeitangebote sowie Campingplätze – etwas bedenklich!

Die Campingplätze im Überblick

Camping Al Pescatore (www.campingpescatore.it), **Camping Belvedere Trentino** (www.campingbelvedere.it), **Camping Punta Lago** (www.campingpuntalago.com), **Camping Spaggia** mit Bestnoten (www.campingspiaggia.net), **Camping Mario Village** (www.campingmario.com) und **Camping Riviera** (www.camping-riviera.net).

Übernachten in Caldonazzo

Agriturismo Verdecrudo. Beliebtes, schön im Grünen gelegenes Haus; gute Küche! Loc. Maso Murari, 1. +39 (0)347 5051731. www.verdecrudo.it. **Castello Errante Bio B&B**. Nachhaltig geführt und Spitzen-Frühstück. Via della Villa, 3. +39 3920688521. www.castelloerrante.it.

Gut essen in Caldonazzo

Ristorante Pineta Caldonazzo. Ganz neu in moderner Holzbauweise; schöne Lage am Waldrand mit Biergarten . Via Pineta, 1. +39 (0)461 437650. www.pinetacaldonazzo.com. **Agritur Dal Perotin**. Einfache, regionale Küche. Via Brenta 70/A. +39 (0)347 313 3893. www.agriturismodalperotin.it.

Freitag ist **Wochenmarkt**!

Levico Terme

1673 nannte Michelangelo Mariani in seiner Geschichte des Konzils von Trient erstmals die therapeutischen Eigenschaften von eisen- und arsenhaltigem Mineralwasser. Im Jahr 1700 erschienen fundierte wissenschaftliche Veröffentlichungen und **1860 wurde in Levico eine Badegesellschaft für Kuren gegründet**. **Die ersten sporadischen Einrichtungen entstanden anschließend direkt an der Quelle in Vetriolo**, einem kleinen Weiler oberhalb von Levico. Auch der Bau weiterer Thermalbäder wurde vorangetrieben. Ein hölzernes Aquädukt leitete das Heilwasser von Vetriolo hinunter nach Levico und versorgte das dortige neue Kurhaus mit dem begehrten Nass.

Zwischenzeitlich wurde das Gebiet 1778 an Österreich abgetreten, und **am 29. Mai 1779 nahm Kaiserin Maria Theresia Levico in Besitz**. Ende des 19. Jahrhunderts erhielt Levico Stadtrecht, und die Eisenbahnlinie Valsugana wurde eröffnet. Unter dem Berliner Julius Pollacsek entwickelte sich die Stadt zu einem bedeutenden Thermalbad-Standort. Pollacsek, der jahrelang Kurdirektor auf Sylt gewesen war, gründete die Gesellschaft der Levico-Vetriolo-Heilquellen und ließ in Rekordzeit **das luxuriöse Grand Hotel Imperial** errichten. Zur feierlichen Einweihung im Jahr 1900 kamen neben Erzbischof Eugen von Habsburg auch Ehrengäste aus ganz Europa. Das Hotel beförderte zusammen mit dem alten Kurhaus den Ruf von Levico Terme, und die Stadt wuchs und wuchs. Immer mehr Betriebe wurden gebaut, die heilende und lindernde Wasseranwendungen anboten und so Gäste in die Stadt brachten.

Im Zweiten Weltkrieg wurden die alten Kuranlagen in Levico beschädigt, Hotel und Park blieben jedoch weitgehend verschont. In seiner heutigen Pracht, ausgestattet mit modernem 4-Sterne-Komfort, knüpft es an seine glorreiche Vergangenheit an. Nach kurzer Schließung feierte das Grand Hotel Imperial im März 2016 seine Neueröffnung. Das offizielle Kurhaus wurde neu gebaut und befindet sich heute in der Via Vittorio Emanuele, 10. **Die Terme di Levico e Vetriolo versteht sich allerdings nicht als Thermal-Freizeitbad**, sondern bietet ausschließlich Heilanwendungen wie Spülungen, Packungen, Inhalationen oder Bäder an. Infos unter www.termedilevico.it und www.hotel-imperial-levico.com. Wer Thermalwasser sucht, wird auch im Hotel du Lac unten am See fündig. www.dulachotel.com.

Glücklicherweise blieb die historische Bausubstanz von Levico von den Kriegsschäden weitgehend verschont, sodass noch heute viele alte Gebäude bewundert werden können. Vor allem die Kirchen und die alten Ortsgassen sind beliebte Fotomotive.

Die Erlöserkirche im Zentrum

Besonders sehenswert ist die von 1872 bis 1877 erbaute **Pfarrkirche Chiesa del Santissimo Redentore** mit ihrem großen Kruzifix. Sie ist die größte Kirche in der Diözese Trient. Das heutige Gotteshaus steht auf dem Fundament einer Kirche aus dem 13. Jahrhundert, die dem Heiligen Vittore geweiht war; der Glockenturm stammt aus dem 17. Jahrhundert. 1878 wurde die damalige Pfarrkirche abgerissen und an ihrer Stelle die große Erschließungstreppe errichtet. Anfang des 20. Jahrhunderts wurde die Kuppel außen mit geometrischen Motiven verziert. Noch in der Kriegszeit begann man 1943 mit der Verzierung der Fassade und der Gegenfassade. In die Umrandung des Portals wurde ein Mosaik mit dem Bild des Erlösers eingefügt und in einer Nische der Gegenfassade entstand einige Jahre später das Mosaik des Guten Hirten.

Pfarrkirche von Levico

Die Kurparks

Grün und angenehm friedlich präsentieren sich die gepflegten Parks in Levico: Der annähernd 132 000 m^2 große **Parco degli Asburgo** (Park der Habsburger) wurde 1905 eröffnet und beherbergt heute über 550 Pflanzenarten. Ende April findet dort jährlich die gut besuchte Messe **Ortinparco** zum Thema Gartenbau und Gärten statt, Ende November bis Anfang Januar der Weihnachtsmarkt. Um einiges kleiner und jünger ist der 2005 eröffnete **Parco della memoria** (Gedächtnispark) im Garten des ehemaligen Krankenhauses, der den „**Gerechten der Geschichte**" gewidmet ist, die sich Völkermorden und Verbrechen gegen die Menschlichkeit widersetzt haben. Der 1858 bei Arbeiten in der Nähe des Bahnhofs von Levico gefundene, vermutlich bis zu 2 300 Jahre alte Sarkophag aus lokalem, roten Kalkstein mit feinen Verzierungen ist heute am südlichen Eingang des Parco delle Terme ausgestellt.

Levicos Fußgängerzone

Gerne schlendern an den lauen Sommerabenden und am Wochenende Kur-, Tages- oder Feriengäste durch die lebhafte Fußgängerzone, die beim Hotel Concordia beginnt und am Rathaus endet. **Sie führt entlang der Via Dante Alighieri und ist ca. 500 m lang**. Auf Höhe der Kirche bildet sie das kulturelle Zentrum der Stadt, hier finden im Sommer **Freiluftkonzerte und andere Veranstaltungen** statt; die Plätze in den umliegenden Cafés sind dann sehr begehrt. Für einen Eindruck der Stadt ohne Kommerz eignet sich die Via Garibaldi, die parallel zur Alighieri verläuft.

Abstecher und Tagestouren sind auch in die größtenteils ländlich geprägten Ortsteile von Levico zu empfehlen. Im Weiler Barco am rechten Ufer des Flusses Brenta findet alljährlich im Februar/März der traditionsreiche Karneval Sgnocolada Barcarola statt, bei dem die aktuell 700 Einwohner (barcaroli) den vielen auswärtigen Besuchern köstliche Kartoffelknödel servieren. Santa Giuliana ist einer der drei größeren Ortsteile der Gemeinde. In der Kirche von 1930 wird auf einem Grabstein dem einstigen faschistischen Diktator Benito Mussolini gehuldigt. Das Dorf Selva östlich vom Hauptort ist in den letzten Jahren immer mehr mit diesem zusammengewachsen, lediglich ein Grenzstein in der Via de Gasperis erinnert noch an frühere Zustände.

Der Lago di Levico

Zweifellos eine der größten Attraktionen in und bei Levico ist der nur gut 1,1 km² große und bis zu 38 Meter tiefe, aber traumhaft zwischen den Bergen der Umgebung gelegene Lago di Levico (Levicosee). Das vom Rio Vignola sowie Rio Maggiore gespeiste Gewässer ist für seine hervorragende Wasserqualität und die vielseitige Flora und Fauna in den steil abfallenden Wäldern am nördlichen Seeende in der Region bekannt. An den Ufern befinden sich ein namhaftes Hotel, ein beliebtes Strandbad, ein ausgedehnter Schilfgürtel und ein großer Campingplatz. Trotz seiner geringen Größe sorgt der Levicosee ganzjährig für ein mildes Mikroklima. 2013 wurde er dank des klaren Wassers, des sauberen Strandes und der ökologisch-nachhaltigen Tourismus- und Umweltpolitik durch die Gemeinde als einziger See in der Region Trentino-Südtirol mit der prestigeträchtigen internationalen Blauen Flagge ausgezeichnet.

Beim Hotel du Lac beginnt ein breiter Wanderweg, auf dem der See umrundet werden kann. Allerdings wird er vor allem auf der gegenüberliegenden Seeseite schmaler und bei feuchter Witterung auch teilweise matschig. Ein Teilstück, das eigentlich nur von Anglern genutzt wird,

Gut ausgeschildert!

(deswegen auch der Name Sentiero degli Pescatori) verläuft durch den Wald. Alternativ führt eine Strecke über Tenna, wofür man allerdings einige Höhenmeter aufsteigen muss. Insgesamt schöne, ca. 1 bis 1,5 stündige Runde mit zahlreichen Naturerlebnissen.

Highlight der Ufergestaltung ist der Parco Segantini, der großzügiger nicht sein könnte. Was hier für die Menschen der Umgebung und für die Touristen erschaffen wurde, sucht seinesgleichen. Unzählige Picknicktische mit und ohne Dach, weitläufige Liegewiesen und Trainingsgeräte warten auf die Besucher, und ein Kiosk ist inzwischen auch fertiggestellt. Niemand, der für sich bleiben möchte, kommt sich hier in die Quere. Einfach nur gut!

Wanderung: **Die Chiesa di San Biagio und das Forte (Werk) Colle delle Benne**

Nur wenige Schritte vom See beginnt eine Kurzwanderung zur kleinen **Kirche San Biagio** und auf Wunsch auch zum Forte **Colle delle Benne**. Die **Chiesa San Biagio** wurde im 13. Jahrhundert erbaut und stellt das letzte Relikt einer sehr frühen Befestigungsanlage dar.

Archäologische Funde aus der Eisenzeit legen nahe, dass sogar noch Jahrhunderte zuvor an dieser Stelle eine befestigte Siedlung gewesen sein muss. Die Kapelle steht Besuchern in den Sommermonaten jeweils am Montag zwischen 16 und 18 Uhr offen; **der Blick auf die Umgebung ist von dort oben fantastisch**.

Die **Festung Colle delle Benne** befindet sich nur ca. 20 min. weiter auf einem Hügel mit Blick auf den Levicosee und sollte ‚mitgenommen' werden. Sie wurde zwischen 1880 und 1882 von Österreich-Ungarn zu Verteidigungszwecken erbaut. Die Festung ist in der Tat eines der Bauwerke des breit angelegten Befestigungsgürtels (bekannt unter dem Namen Festung Trient), das für die Verteidigung des Trentino und vor allem seiner Hauptstadt im Falle eines Konflikts bestimmt war. Am Ende des Ersten Weltkriegs ging das Forte als Kriegsbeute an das italienische Militär. 1933 wurde es von der Gemeinde Levico Terme für 3 000 Lire, heute knapp 3 500 Euro, zurückgekauft. 2008 begann der Wiederaufbau und 2014 konnte die Gemeinde die Wiedereröffnung feiern. Infos unter www.fortedellebenne.it.

Wandertipp: **das Ersatzwerk Busa Granda und die Cima Panarotta**

Als zu Beginn des Jahres 1915 ein Kriegseintritt Italiens wahrscheinlicher wurde, begann man auf Seiten Österreich-Ungarns die bestehenden Verteidigungsanlagen an der Grenze zu Italien zu überdenken. Zwei Ende des 19. Jahrhunderts errichtete Sperren, Colle delle Bene und Tenna, **wurden als nicht mehr zeitgemäß eingestuft**, da sie einem Beschuss durch die moderne Artillerie nicht gewachsen schienen. Daher begann man nach Alternativen zu suchen und entschloss sich zum Bau einer neuen Festungsanlage, dem so genannten **Ersatzwerk Busa Granda**.

Die Auffahrt zum Werk und anschließend nach Vetriolo Terme kann man durchaus empfehlen, gerade bei freier Sicht, und gegen Abend ergeben sich tolle Stimmungen. Die Wanderung selbst ist eher kurz: die ca. 2 km lange und von dem Weiler Compet startende Rundtour dauert etwa 45 min. Zu sehen gibt es Weitblicke ins Valsugana und nachgebildete Panzerhaubitzen-Kanonen. Am Wochenende kann man an einer Führung durch die Katakomben der Anlage teilnehmen.

Einmal oben bietet sich zusätzlich ein Besuch auf Levicos Hausberg, der **Cima Panarotta** an. Allerdings wird die aussichtsstarke und beliebte R**undwanderung** um den Gipfel derzeit nicht empfohlen, da Stürme einen Teil der Strecke unbegehbar gemacht haben. Über den Hauptweg zum Gipfel kann man aber relativ sicher gehen; dazu fährt man bis zum großen Parkplatz Panarotta 2002 im gleichnamigen Skigebiet. Von dort ist es dann nur noch ein kurzer Spaziergang zum Gipfel, **Einkehr im Chalet Panarotta**.

Das Castel Selva

Nur noch eine Ruine ist das Castel Selva auf der anderen Seite des Ortes. Von Selva aus geht es kurz aber knackig in ca. 20 Minuten auf die Burg, die um das 6. Jahrhundert herum gebaut wurde, um die bäuerliche Bevölkerung vor den Invasionen der Franken und Ungarn zu schützen. Im Jahr 1779 wurde die Burg von der Gemeinde Levico Terme gekauft, die das Mauerwerk für den Bau einiger Häuser im historischen Zentrum nutzte!

Gut übernachten in Levico Terme

Hotel Bellavista Relax. Eines der attraktivsten Häuser in Levico; herausragender Pool mit Weitblick, moderner Wellness-Bereich. Die Zimmer teilweise sehr plüschig; unbedingt Halbpension buchen! Via Vittorio Emanuele III, 7. +39 (0)461 706136. www.bellavistarelax.it. **Parc Hotel du Lac**. Direkt am See, mit Strandbad, Thermalwasser und Kulinarik. Sehr zu empfehlen! **Località Al**, Via al Lago, 2. +39 (0)461 706590. www.dulachotel.com. **Family Hotel Primavera**. Sehr gutes und familienfreundliches Hotel mit Pool. Via Claudia Augusta, 3. +39 (0)461 706193. www.familyhotelprimavera.com. **Lago Levico Camping Village**. Einziger Campingplatz in Levico Terme; direkt am See. Im Angebot: Stellplätze, Mobilhomes, Chalets und Glamping-Zelte. Località Pleina, 5. +39 (0)461 706491. www.campinglevico.com.

Gut essen in Levico Terme

Schon lange kein Geheimtipp mehr ist das **Ristorante La Vecchia Fattoria**. Es ist sehr professionell geführt, besonders das Personal ist sehr aufmerksam. Auch die Speisen sind vom Feinsten und man sitzt auf der Terrasse mit Blick auf das Tal und die Berge. Via per Caldonazzo, 27. +39 (0)461 700242. www.vecchiafattorialevico.it. Pizzeria Ristorante Al Conte. **TIPP | Cantina di Romanese**. Das Weingut entstand 2009 aus der Leidenschaft der Brüder Giorgio und Andrea Romanese für den Wein und dem Wunsch, den Weinbau im Valsugana neu zu entwickeln. Das Weingut produziert TrentoDOC Schaumweine und Stillweine nach klassischer Methode. Ihr klassischer Schaumwein Lagorai ist der erste und einzige TrentoDOC, der unter Wasser, in den Tiefen des Levico-Sees, reift. Gerne können die Produkte probiert werden: EUR 13 für die Weine, EU 15 für die Prosecchi, begleitet von einer kleinen Auswahl Antipasti. Cantina Romanese. Strada Provinciale per Vetriolo, 52. +39 3473817590. www.cantinaromanese.com.

Die Tore Quadra und Tonda bei Novaledo und Marter

Weiter geht es das Valsugana entlang nach Nordosten. Wer will, folgt der alten **Via Claudia Augusta**, der **Fahrradroute Valsugana** oder der Straße nach Novaledo, einem kleinen Ort, in dem viel Landwirtschaft und Handwerk betrieben werden. Historisch interessant ist das **Tor Quadra** hinter dem Ort in einer Rechtskurve der SP228, eine Ruine zweier quadratischer Türme aus dem 12./13. Jahrhundert. Bei archäologischen Grabungsarbeiten stellte sich heraus, dass zwischen den Türmen einst eine

Straße verlaufen sein könnte. Ob der Durchgang mit Hilfe einer Zugbrücke geregelt wurde, ist unbekannt; belegt ist aber, dass sich an dieser Stelle einst ein See befand - was der Theorie mit der Zugbrücke Nahrung gibt! **Bei Grabungen stieß man auf größere Ansammlungen von Gestein, Holz und anderen Materialien**, die darauf schließen lassen, dass weitere Fundamente vorhanden gewesen sind. Die Vermutung, dass es dort ehemals eine größere befestigte Anlage gab, nahm Gestalt an.

In **Marter** (gehört zu Roncegno Terme), dem nächsten Ort entlang der Brenta, befindet sich ebenfalls ein alter, angeblich römischer Turm, das **Tor Tonda**. Die Überreste der Befestigungsanlage stehen an der alten **Ponte della Bastia**, auf der auch die Via Claudia Augusta verläuft. In direkter Nachbarschaft bietet die **Mulino Angeli** eine Ausstellung zum Thema Vogelscheuchen (Casa Museo degli Spaventapasseri; www.lacasadeglispaventapasseri.net) sowie eine kleine, regionale Spielzeugsammlung.

Schöner Platz in Roncegno

Roncegno Terme

Der sympathische Ort liegt leicht nach Norden versetzt idyllisch am Fuße des mächtigen Monte Fravòrt. Aufgrund dieser Lage herrscht hier ein mäßiges und noch milderes Klima als im Rest des Valsugana. **Das renommierte Thermalbad** tut ein Übriges für stets wiederkehrende Gäste. **Die Hauptachse von Roncegno Terme ist der Bereich zwischen dem Rathaus und der Piazza Montebello**, hier befinden sich auch die meisten Sehenswürdigkeiten. Auf der Piazza gibt es immer montags einen Wochenmarkt, darüber hinaus werden andere, unregelmäßige Themenmärkte veranstaltet.

Vom Rathausplatz aus gelangt man in den **Thermalpark von Roncegno** (Parco delle Terme di Roncegno), wo man Ruhe und Entspannung unter hohen Bäumen finden kann. Allerdings verbirgt sich hier ein privat geführtes Thermal-Gesundheitsresort - das **Casa Raphael Palace Hotel**. Eine kleinen Eingang zum Park findet man auf der gegenüberliegenden Seite Ecke Viale Roma und Via del Parco. Im Kurzentrum wird das Heilwasser aus Vetriolo genutzt, es hat eine leicht bräunliche Färbung und ist eisen- und arsenhaltig. Die medizinischen Anwendungen sind vielfältig und anthroposophisch angehaucht: Rudolf

Steiner wird hier hoch verehrt und seine Heileurythmie auf Wunsch angewendet. Im Winterschlaf - und dem Verfall überlassen - ist die **Villa de Giovanni** in der Viale Roma 14, ein Musterbeispiel für die alten Zeiten der Kurstadt Roncegno Terme. Informationen unter www.casaraphael.com.

Die Festa della Castagna

Stolz der Einwohner ist das **Kastanienfest**, das jedes Jahr am letzten Wochenende des Oktobers gefeiert wird. Roncegno gilt als Zentrum der Esskastanienproduktion des Valsugana und entsprechend gut gelaunt verlaufen die Feierlichkeiten. Angeboten werden Exkursionen in die alten Kastanienwälder der Gemeinde, Retrospektiven zu Themen wie die Tradition der Thermalanwendungen oder der Seidenraupenzucht um die Jahrhundertwende. In den Straßen im Zentrum werden frische und geröstete Maronen und Süßspeisen verkauft. Manche Restaurants bieten zudem klassische Esskastaniengerichte in zahlreichen Kreationen an; dabei liegt das Augenmerk stets auf regionalen Produkten. Wegen der vielen Besucher sind die Hotels und anderen Unterkünfte meist ausgebucht, sodass der Sportplatz kurzerhand zum Wohnmobilstellplatz umgewidmet wird.

Die Strada del Castagno Roncegno

In einer gut gemachten Broschüre stellt die Gemeinde fünf Kurzwanderungen (0,5 - 3,7 km) vor, bei denen man die Gegend unter verschiedenen Gesichtspunkten gut erkunden kann..

Beispiel: **Zwischen antiken Quellen und Berghöfen**

Von der Pfarrkirche geht es zunächst bergauf bis zum Ortsteil Cadenzi, wo man den Bach Larganza überquert. Anschließend erreicht man den Ort der ‚Antiken Quellen', das Kurhaus, das für seine arsen-eisenhaltigen Wasser des Berges Monte Tesobo bekannt war, die einst zu therapeutischen Zwecken genutzt wurden. Vom Kastanienhain aus überquert man erneut den Bach Larganza, um dann im Ortsteil Molini und am Berghof Maso Salcheri herauszukommen. Weiter geht es zum Berghof Maso Zonti, wo sich der Sitz des Vereins der Kastanienbauern von Roncegno Terme befindet. Trainierte können weiter bergauf wandern, bis zum oberen Teil des Berges von Roncegno; dann geht es vorbei an verschiedenen Berghöfen bis zum Bergwerk della Pamera und zum Berghof Maso Montibelleri.

Das Museo degli Strumenti Musicali Popolari

Highlight des beliebten Spaziergangs ist der Besuch des **Museums für Musikinstrumente** und der benachbarten Chiesa di Santa Brigida, von der man auch einen starken Blick auf das Tal und Roncegno genießen kann (Aussichtsterrasse unterhalb der Kirche!). Das Museum zeigt bis zu 1 000 Exponate, darunter einige interessante Stücke wie ein um 1850 in Frankreich hergestelltes Harmonium, ein aserbaidschanisches Setar und ein im Museumstheater untergebrachtes **Fortepiano von 1848**. Neben den wertvollen Musikinstrumenten zeigt das Museum das älteste Erbe der Musikbibliothek von Roncegno - die Partitur einer Messe von Lorenzo Perosi aus der ersten Hälfte des 20. Jahrhunderts - sowie ein Missale Romanum und eine Vesperale Romanus aus dem 19. Jahrhundert. **Ein kleines Klanggärtlein** vervollständigt die Ausstellung. Öffnungszeiten: Donnerstag bis Sonntag von 10 bis 12 Uhr, Dienstag bis Sonntag von 15.30 bis 18 Uhr (Samstag und Sonntag ab 15 Uhr), der Eintritt ist frei. Für eine Führung genügt ein Anruf unter +39 345 871 4426 oder +39 340 770 1815. Informationen unter www.museodellamusicaroncegno.it.

Die **Kirche Santa Brigida** gehört zum Pastoralgebiet Valsugana der Erzdiözese Trient und stammt aus dem 12. Jahrhundert. Sie wurde 1533 zum ersten Mal urkundlich erwähnt. Alte Aufzeichnungen besagen, dass sie in dieser Zeit als Einsiedelei diente

.

Golf spielen im Valsugana?

Das Greenfee für EUR 25 bietet der **Golf Club Roncegno**. Dafür gibt es einen 18-Loch-Platz direkt an den Flüsschen Larganza und Brenta Vecchio in der Nähe des berühmten Valsugana-Radwegs Ciclabile della Valsugana; der Platz führt zum Teil durch Waldlichtungen, zum Teil an Weinbergen und Obstgärten vorbei, ist landschaftlich sehr schön! Die Anlage verfügt über eine Driving Range, ein Putting- und ein Pitching Green. Für

Nicht-Golfspieler gibt es sechs Tennisplätze, ein Kleinfeld für Fußball mit Kunstrasen, einen Basket- und einen Volleyballplatz, einen Kinderspielplatz. Das Clubhaus bietet eine Bar mit Restaurant und Terrasse, einen ausgestatteten Saal für Meetings und Vorführungen, großzügige Umkleideräume mit Duschen, individuell abschließbaren Schränken und einem sicheren Aufbewahrungsraum für Golftaschen. **Associazione Sportiva Golf Club Roncegno-Valsugana Golf**. Via Ferme. 38050 Roncegno Terme. +39 (0)461 773337. www.golfclubroncegno.it.

Nur wenige Schritte nordwestlich des Golfplatzes befindet sich das **Riserva naturale provinciale Palude di Roncegno**. Das Naturbiotop bietet Ruhe und Entspannung ohne Höhenmeter. Im **Roncegno-Sumpfgebiet und dem Biotop Fontanazzo** findet sich einer der letzten Auwälder der Provinz Trient.

Übernachten in Roncegno Terme

Bestnoten für das **Coronata Haus**. Großzügige Zimmer, überdurchschnittliches Frühstück und schmackhafte, regionale Küche. Loc. Maso Vazzena. +39 (0)461 1851508. www.coronatahaus.it. **Azienda Agricola e Agritur Montibeller**. Womo-Stellplatz, Camping, Ferien auf dem Bauernhof, das alles bietet die Familie Montibeller; sehr nette Gastgeber. Die sanitären Anlagen sind sauber, sehr gutes regionales Essen, unkompliziert und preiswert! Via Prose 1. +39 (0)461 764355. www.agriturmontibeller.it. **Agritur La Casa Nel Bosco**. Abgeschieden mit allem Komfort; tolle Aussicht. Strada per Tesobbo. +39 (0)349 3567916. www.agriturlacasanelbosco.it.

Borgo Valsugana

Die Burg des Valsugana, so der historische Name, gilt als Zentrum des Valsugana. Sie wurde im 1. Jahrhundert zum ersten Mal urkundlich erwähnt, der damalige Name der römischen Ansiedlung war Ausugum. Archäologische Ausgraben weisen darauf hin, dass die Gegend schon viel früher besiedelt war, genaue Anhaltspunkte fehlen aber bis heute. Borgo Valsugana war lange Zeit von bescheidener Landwirtschaft und einfacher Handwerkertätigkeit geprägt; erst Erzherzog Maximilian III leitete zu Beginn des 17. Jahrhunderts durch die Verleihung erweiterter Rechte einen wirtschaftlichen und kulturellen Aufschwung ein. Der Aufbau der Seidenraupenzucht brachte der Stadt einen gewissen Wohlstand, der zu vermehrter Bautätigkeit führte; Stadthäuser und Pfarrkirche (Chiesa della Natività di Maria) wurden errichtet. Die nächsten Jahrhunderte waren von Kriegswirren, Besitzwechseln und Naturkatastrophen geprägt, viele Menschen verließen ihre Heimat in Richtung Österreich (Bludenz).

Einen neuen Anlauf unternahm die Gemeinde Anfang des 20. Jahrhunderts: Borgo Valsugana wurde an das Stromnetz angeschlossen, das Theater des Volkes erbaut und der Ort zur Garnisonsstadt ernannt. Doch der bescheidene Wohlstand hielt gerade einmal 10 Jahre. Dann brach der Erste Weltkrieg aus und BV wurde zu einem Drittel zerstört. Aufbau und Wiederaufbruch währten nur kurz, bald folgte der Zweite Weltkrieg und 1966 ein verheerendes Hochwasser der Brenta. Seither ist die Stadt immer wieder dabei, Plätze und Gebäude zu sanieren, bürgerfreundlicher zu gestalten und Angebote für Besucher zu schaffen. Zu erwähnen ist Alcide de Gasperi, ein bedeutender italienischer Staatsmann, der als Ministerpräsident Italiens (1945-54) als einer der Gründervater der Europäischen Gemeinschaften gilt. Degasperi, wie er hier genannt wird, lebte lange in Borgo, heiratete und verstarb hier auch. Er erhielt 1953 das Bundesverdienstkreuz der Bundesrepublik Deutschland für seine politischen Verdienste.

Borgo ist gespickt von interessanten Sehenswürdigkeiten; neben zahlreichen Kirchen, historischen Gebäuden und vielfältigen Museen ist **der Hauptplatz um die St. Anna Kirche der Anziehungspunkt Nr. 1 für Touristen**. Der sehr malerische, große Platz wurde erst vor kurzem neu gepflastert und bietet in den Sommermonaten reich-

Wochenmarkt in Borgo

lich Möglichkeiten für eine ausgiebige Pause. Die Piazza ist mit dem Rathaus, zahlreichen alten Stadthäusern, im Sommer mit einer kleinen Showbühne und dem Büro des Tourismusverbandes versehen. **Jeden Mittwoch füllt sich das Zentrum mit Marktständen aller Art**, die Produktpalette reicht von Kleidung über Gebrauchsgegenstände, Obst und Gemüse bis zu Handwerksprodukten und Kunst. Am letzten Samstag des Monats findet man auf dem Martiriplatz den Trödelmarkt mit alten und teils ungewöhnlichen Objekten.

Aber auch der ältere, auf der gegenüberliegenden Seite der Brenta liegende Ortsteil ist zwar weniger touristisch, aber nicht minder sehenswert. **In der Via della Gora und dem Corso Ausugum sowie deren Parallelstraßen finden sich zahlreiche kleine Geschäfte, Kunsthandwerk, Cafés, Bars und Osterien**. Hauptattraktion des nördlichen Borgo ist das **Kloster San Damiano samt Chiesa di San Francesco d'Assisi** am höchsten Punkt dieses Viertels. Die Nonnen und andere Mitarbeiter leisten hier wichtige Seelsorgearbeit. Die Klosteranlagen sind wochentags von 9.40 bis 12 und von 16.00 bis 17.30 Uhr und an Sonn- und Feiertagen von 10.30 bis 12 und von 15.30 bis 18 Uhr geöffnet, der Besuch muss aber telefonisch vereinbart werden.

Vom Kloster aus führt der Fußweg **Sentiero dei Bersaglieri** (auch Passegiata Giro dei Castelli) zum **Castel Telvana**, das als Erkennungsmerkmal für Borgo Valsugana dient. Die Burg wurde schon zu Römerzeiten für den Schutz der Via Claudia Augusta erbaut und ist in Privatbesitz, was einen Besuch unmöglich macht. Den Besuchern bleiben nur die wenigen, genialen Blicke, die man erhält, wenn man dem Sentiero bis zum Gipfel des Monte Ciolino (851 m) folgt.

Zurück in der Stadt führt der Weg über die Piazza dei Martiri della Resistenza zur **Chiesa della Natività di Maria** (Bild), der Pfarrkirche von Borgo. Die mächtige Kirche wurde im 14. Jahrhundert erbaut, allerdings wird eine Entstehung vor der Jahrtausendwende diskutiert. Der heutige Glockenturm stammt aus dem 18. Jahrhundert, es folgten zahlreiche Restaurierungsarbeiten im 20. Jahrhundert. Die Kirche ist mit Fresken, Skulpturen und anderen Darstellungen reichlich verziert; viel roter Marmor wurde an den Wandverkleidungen verwendet, und Altarbereich mit kunstvoll verzierter Kuppel sowie die Orgel sind Schmuckstücke. Sehenswert ist der Palazzo Ceschi am Ende des Corso Ausugum mit Sitz der Comunità della Valsugana del Tesino, die sich um die wirtschaftliche Entwicklung in den beiden Tälern kümmert. Der Bau des Gebäudes geht auf die zweite Hälfte des 16. Jahrhunderts zurück, die Fassade ist das Resultat eines Anbaus, der auch die Proportionen des Palastes verändert hat. Der Torbogen weist Vertiefungen auf, die sich mit ionischen Kapitellen und den Wappen der Familie Ceschi abwechseln. Im Erdgeschoss des Adelspalastes befindet sich ein bemerkenswertes Arbeitszimmer aus dem 17. Jahrhundert mit Fresken des lokalen Malers Lorenzo Fiorentini. Auf der gegenüberliegenden Straßenseite steht die im 17. Jahrhundert erbaute Kapelle der Unbefleckten Empfängnis, die als Privatkirche der Familie Ceschi diente.

Das Rathaus (municipio) von Borgo Valsugana

Seit 1985 das **Rathaus der Gemeinde** (Bild rechts), war es ursprünglich der zentrale Teil des Klarissenklosters, das zwischen 1668 und 1673 nach dem Willen von

Mutter Giovanna Maria della Croce erbaut wurde. Es ist auch eines der wenigen Gebäude, die nicht vollständig von den Flammen des schrecklichen Brandes vom 6. Juli 1862 verschlungen wurden. **Es ist ein kompaktes dreistöckiges Gebäude mit quadratischem Grundriss**, mit einem zentralen Kreuzgang in der Mitte. In den oberen Stockwerken sorgen große rechteckige Fenster mit weißem Steinrahmen für helle Innenräume. **Das aktuelle Erscheinungsbild des Gebäudes ist das Ergebnis der Umgestaltung durch den Architekten Emilio Paor zu Beginn des 20. Jahrhunderts**. Der innere Kreuzgang mit Rundbögen aus Rohstein steht auf stabilen quadratischen Säulen mit geometrischen Kapitellen. In der Mitte befindet sich ein authentischer venezianischer Brunnenkopf aus dem 15. Jahrhundert.

Chiesa e Monastero di Sant'Anna

Die Kirche wurde zwischen 1668 und 1672 für das angeschlossene Kloster der Klarissen erbaut. **Zwischen 1764 und 1768 erfuhr die Innenausstattung eine radikale Umgestaltung im Stil des Rokoko**. 1847 wurde die Fassade in klassizistischen Formen umgebaut, dabei wurde der Reichsadler durch das Wappen der Gemeinde

Ponte Veneziano

Borgo ersetzt. Durch den Brand vom 6. Juli 1862 zerstört, wurde sie 1875 wieder aufgebaut. 1929 wurde die Turmspitze des Glockenturms neu errichtet. Der Innenraum ist einschiffig und enthält Dekorationen aus der zweiten Hälfte des 18. Jahrhunderts. Die drei Steinaltäre sind das Werk von Stefano Paina di Castione di Brentonico (18. Jahrhundert).

Die Ponte Veneziano

Die 1498 von Giacomo Cechi nach venezianischem Vorbild erbaute Steinrückenbrücke wurde 1659 auf ihre heutige Größe gebracht (die Vergrößerung ist von unten an den Steinen des großen Bogengewölbes deutlich sichtbar). Bei dieser Gelegenheit wurde sie durch den Bau von zwei Brüstungen mit steinernen Sitzen und in der Mitte durch zwei barocke Ädikula (kleine Kapellen) verschönert. Diese tragen das in die Sockelplatte eingemeißelte Gemeindewappen. Das am wenigsten beschädigte Fresko von San Rocco aus dem 17. Jahrhundert wurde geborgen und restauriert und ist seit Jahren zusammen mit den beiden Gemälden von Nardi Teil der städtischen Sammlung. Die Brücke ist 11,76 m. lang und 9.65 m. breit.

Das Oratorium di San Rocco

Das dem Heiligen Rocco und Sant'Antonio Abate gewidmete Oratorium wurde über einer früheren Friedhofskapelle errichtet, die San Michele Arcangelo gewidmet war. Die einschiffige Kirche ist in zwei kreuzgewölbte Buchten unterteilt, von denen die zweite 1516 vollständig von Francesco Corradi mit Fresken bemalt wurde, die Geschichten von San Rocco und Sant'Antonio Abate und Bilder anderer Heiliger zeigen. Interessant ist die Gruppe der Madonna del Rosario, drei lebensgroße Holzstatuen aus dem nahe gelegenen Schrein der Madonna von Lourdes (1885), die jedoch ursprünglich für den Altar des Rosenkranzes der Pfarrkirche (spätes 16. Jahrhundert) angefertigt wurden. **In einer Außennische der Südwand ist kürzlich ein Fresko mit der Pieta eines reisenden Malers aus der ersten Hälfte des 16. Jahrhunderts ans Licht gekommen**.

Pieve della Nativita di Maria

Die Kirche wurde im 16. Jahrhundert erweitert und zwischen 1698 und 1726 unter der Leitung von Bernardo Pasquello im spätbarocken Stil umgebaut. Die Fassade, die 1833 installiert wurde, ist ein Werk aus dem 18. Jahrhundert (1747-1750) von Francesco Oradini aus dem Trentino und stammt von der zerstörten Kirche der Beata Vergine del Carmine in Trient. **In der Nische über dem Hauptportal befindet sich die Gruppe der Jungfrau mit Kind** (1414), eine spätgotische Skulptur von Nicolò Lamberti, die aus der venezianischen Kirche Santa Maria dei Servi stammt. Der Glockenturm wurde zwischen 1741 und 1760 nach Plänen des venezianischen Architekten Tommaso Temanza erbaut. Im Inneren finden sich kostbare Altarbilder aus dem 16. bis 18. Jahrhundert von Cesare Vecellio, Lorenzo Fiorentini senior, Johann Karl Loth, Johann Micael Rottmayr, Giovanni Battista Pittoni und Antonio Cogorani da Feltre, die allesamt von venezianischen Künstlern ausgebildet wurden. **Bemerkenswert ist auch das Altarbild mit dem 12-jährigen Jesu im Tempel** (1848) von Ferdinando Bassi. Der Hochaltar aus vielfarbigem Marmor (1726-1728) ist das Werk von Cristoforo Benedetti da Castione. Der Altar von San Lorenzo ist ein Werk des Bassanesen Gugliemo Montin (1736-1739). Die Tempera-Ausschmückung des Innenraums des Marchese Sigismondo Nardi stammt aus dem Jahr 1903.

Palazzo Ceschi

Der Palazzo Ceschi di Santa Croce

Ein heute unleserliches Fresko (Madonna mit Kind zwischen zwei Heiligen), **umrahmt von zwei allegorischen Figuren** (Hermen), **hängt zwischen Portal und erstem Sprossenfenster**. Darüber öffnet sich ein zweites Sprossenfenster auf einen Balkon. Bei den beiden zweibogigen Fenstern, die in einem rechteckigen Rahmen mit vorspringender Kappe eingelassen sind, sind die Pfeiler und die Quader der Bögen mit Kapitellen im albertianisch-toskanischen Stil verspiegelt, ein Motiv, das in mehreren Gebäuden in Trient und Umgebung vorhanden ist, die zwischen Ende des 15. Jahrhunderts und der zweiten Hälfte des 16. Jahrhunderts gebaut wurden. **Das Innere hat viel von der ursprünglichen Anmutung der Räume mit den grauen Steinoberflächen des sechzehnten Jahrhunderts bewahrt**. Sehr interessant ist das Atelier im Erdgeschoss mit der Bilddekoration von Lorenzo Fiorentini senior, welche die liberalen und weisen Künste der Antike darstellt (um 1620). Zahlreiche weitere sehenswerte Palazzi befinden sich entlang der alten Dorfstraße, die fast alle auf Infotafeln erklärt werden. Am besten holt man sich im Tourismusbüro den Stadtführer (in italienischer Sprache); in der Broschüre wird ein Rundparcours vorgestellt, auf dem alle Sehenswürdigkeiten des Ortes zu sehen sind.

Die Casa antica

An der Fassade des alten Hauses findet sich im oberen Teil das Wappen des Erzherzogs von Österreich und im mittleren Teil das Wappen der Gemeinde Borgo. Unter diesem Wappen findet sich zwischen zwei Rollen eine Sonnenuhr mit dem Motto ‚Desiderabilis mea bene regentibus umbra' (mein Schatten wird von denen gesucht, die öffentliche Angelegenheiten gut regieren). Es folgen die Unterschriften von Jacopo und Francesco Fiorentini und das Datum 1653. 1829 wurde der Sitz der Gemeinde in das Trucker-Haus vor dem Gebäude verlegt, und kurz darauf begannen die Arbeiten für den Bau des neuen Gesellschaftstheaters im Gebäude, das im Frühjahr 1840 mit der Aufführung von Torquato Tasso eröffnet wurde. 1860 wurde das Theater restauriert. Leider existiert es seit vielen Jahren nicht mehr.

Die Museumslandschaft von Borgo Valsugana und Umgebung

Das **Museo della Speranza** (Museum der Hoffnung) erinnert symbolisch an den Bunker, in dem 1953 das erste Gerät für die Telekobalttherapie - Eldorado A - aufgestellt und in Betrieb genommen wurde. **Die in Kanada entwickelte Maschine wurde dank der Arbeit von Claudio Valdagni** (Onkologe und Radiologe aus dem Trentino) nach Italien gebracht. Die Eldorado A, im Volksmund Kobaltbombe genannt, wurde im Krankenhaus San Lorenzo installiert und machte Borgo schon früh zu einem Kompetenzzentrum der Krebsbehandlung.

Raum Degasperi

Es ist nur ein kleiner Bereich in den charakteristischen Arkaden am Brentaufer, der dem Staatsmann aus dem Trentino gewidmet ist. Die Ausstellung zeichnet die wesentlichen Stationen des öffentlichen und privaten Lebens des Politikers nach, der immer stark mit Borgo Valsugana verbunden war.

Museum Erster Weltkrieg

Die Mostra permanente della Grande Guerra in Valsugana e sul Lagorai ist ein Museum über die Zeit des Ers-

Arkadengang im Rathaus

ten Weltkriegs im Valsugana. Die Ausstellung, die im Jahr 2002 vom Historischen Kulturverein Valsugana und Tesino in der alten Mühle (Mulino Spagolla) am rechten Ufer der Brenta im historischen Zentrum präsentiert wurde, bietet einen umfassenden Überblick über das, was der Erste Weltkrieg für das östliche Valsugana und seine Bevölkerung bedeutete. Geöffnet Mai bis September täglich außer montags von 10 bis 12 Uhr und 15 bis 18.30 Uhr. In den restlichen Monaten: Mittwoch 9.30-12 Uhr, Samstag und Sonntag 10 bis 12 und 15 bis 18.30 Uhr. Januar und Februar geschlossen. Eintrittsgebühr EUR 3.

Der Spazio Klien

Auf der Piazza Alcide Degasperi, im Erdgeschoss des Rathauses und mit Blick auf einen eindrucksvollen Kreuzgang, befindet sich ein Ausstellungsraum, der der in Borgo geborenen Künstlerin Erika Giovanna Klien gewidmet ist. Die Ausstellungshalle wurde 1998 nach dem Umzug der Stadtbibliothek an ihrem heutigen Standort errichtet. Der **Spazio Klien und das ehemalige Clarissenkloster** bilden einen eindrucksvollen Ausstellungsraum, an dem in den letzten Jahren 90 Wechselausstellungen mit einer Gesamtbeteiligung von 25 000 Personen stattfanden.

Der Saal Galvan

Das kleine Museum enthält eine interessante Sammlung von Musikinstrumenten und Arbeitswerkzeugen aus der alten **Harmonika- und Harmoniumfabrik von Egidio Galvan** (1873 - 1944). Die Familie Galvan produzierte Mundharmonikas, Harmonien, Akkordeons und Blätter für Blasinstrumente, die auch nach Deutschland exportiert wurden. Auch Reparaturen von Musikinstrumenten wurden durchgeführt. 1905 nahm Egidio Galvan an der Weltausstellung von Lüttich teil und erhielt die Bronzemedaille. **Saal Galvan**. Corso Ausugum. Öffnungszeiten von Juni bis September von 10 bis 12 Uhr. Eintritt frei. Weitere Museen in Borgo und Umgebung: Museo Soggetto Montagna Donna in Olle (Bergbauerinnen), Museum Schmiede Tognolli, das Ökomuseum des Lagorai und die Schutzhütte Dalmeri.

Das Kunstprojekt Arte Sella mit Villa Strobele

Die Associazone Arte Sella ist ein groß angelegtes Kunstprojekt der Gemeinde Borgo Valsugana, das seit 30 Jahren Wirkung im ganzen Tal entfaltet. Arte Sella ist der Ort, an dem Kunst, Musik, Tanz und andere Ausdrucksformen menschlicher Kreativität zusammenkommen und einen einzigartigen Dialog zwischen dem Einfallsreichtum des Menschen und der Natur zum Leben erwecken (Originaltext). Der Hauptausdrucksort der Arte Sella liegt tief im Valle di Sella, **rund um die Alm Malga Costa**. In einem mehrere Hektar großen Areal - mitten im Grünen - stehen teils beeindruckende, teils irritierende und auch begeisternde Kunstwerke. Das Gelände ist autofrei, Parkplätze gibt es etwa 10 min. vom Besucherzentrum entfernt. Öffnungszeiten: November, Dezember, Januar und Februar täglich von 10 bis 17 Uhr; März, April, Mai und Oktober 10 bis 18 Uhr; Juni, Juli, August und September 10 bis 19 Uhr; 25. Dezember geschlossen. Sehenswert und einen Besuch wert ist das Laubencafé am Eingang. **Der Garten der Villa Strobele**, der sich einige Kilometer weiter unten im Tal befindet, ist vom 1. Mai bis einschließlich 7. November geöffnet; Eintritt EUR 8 (Kombiticket). Informationen unter www.artesella.it.

Arte Sella

Übernachten in Borgo Valsugana

Locanda In Borgo Garnì & Wellness. Beste Unterkunft in Borgo; sehr stilvoll eingerichtet, der Service ist hervorragend. Corso Ausugum, 90. +39 (0)461 757103. www.locandainborgo.it. **La Villa degli Orti**. Schöner Ausblick auf den Ort; Frühstück noch ausbaubar. Via per Torcegno. +39 (0)461 754194. www.lavilladegli-orti.it. **La Tana del Lupo B&B**. Wunderbarer Blick ins Tal. +39 (0)349 7522012. www.latanadellupobb.it. Der **Wohnmobilstellplatz** liegt direkt an der Brenta; schöne zentrale Lage an der Rückseite des Friedhofs. Via Temanza, 29. +39 (0)335 5735727.

Gut essen in Borgo Valsugana

Ristorante San Giorgio. Bestes Lokal in Borgo, was man dem Laden von außen nicht ansieht. Man kann vor dem Lokal und im kleinen Hinterhof im Freien sitzen. Via Fratelli 6. +39 (0)461 753693. www.ristorante-san-giorgio.it. **Titti - Pizza da asporto e pizzeria**. Sehr gute Pizza, zum Mitnehmen oder vor Ort essen. Piazza Alcide Degasperi, 16. +39 (0)461 754174. **I Gusti del Borgo**. Modernes Take-Away mit leckeren Gerichten. Piazza Romani, 6. +39 (0)461 751218. **Ristorante Carlon Cucina Tipica Trentina**. Regionale Küche im Valle di Sella. Localita Valle di Sella 1. +39 (0)461 761036.

Die Gemeinden rund um Borgo Valsugana

Telve und Telve di Sopra

Von Telve aus gelangt man ins Calamento-Tal, welches das Valsugana und das Val di Fiemme miteinander verbindet; es ist das einzige durchgängige Tal der Lagorai-Gebirgskette. Die rund 38 km sind mit dem Auto in knapp einer Stunde zu schaffen, schöner ist die Strecke allerdings mit dem (E-)Bike. **Die Straße führt hinauf zum Manghenpass** (Passo Manghen), der zu den anspruchsvollsten Pässen im Alpenraum zählt; d**ie Passhöhe beträgt 2 042 m. An einigen Stellen hat die Straße eine Steigung von 16 %**. Von Telve sind 10 enge Kehren zu bewältigen, für LKW, Busse und Wohnmobile besteht Fahrverbot.

Weiter hinten im Tal zweigt bei Valtrighetta eine schmale Straße links zum Ausgangspunkt einer kurzen Wanderung zur **Oasi WWF Valtrigona** ab (beschildert). Die WWF-Oase liegt in einem kleinen Tal in der Lagorai-Kette, wo abwechslungsreiches Klima artenreiche Flora und Fauna hervorbringt. **Das Schutzgebiet in der Gemeinde Telve wurde von der autonomen Provinz Trient als pri-**

vates, lokales Reservat eingerichtet und umfasst 236 Hektar. Angenehm übernachten kann man im Hotel Aurai in der Locazione Calamento, 14. +39 (0)461 766239. www.hotelaurai.com.

In **Telve ist die Chiesa Parrocchiale di Santa Maria Assunta** sehenswert, die im 15. Jahrhundert erbaut wurde. Die Hauptfassade ist als klassische Giebelfassade mit zwei schrägen Seiten gestaltet, die durch kantige Steinmotive begrenzt sind. Der Glockenturm aus dem 16. Jahrhundert befindet sich zurückversetzt im nördlichen Teil des Gebäudes. Das innere Kirchenschiff ist einteilig, wird jedoch durch vier große Kapellen erweitert. Viel Sonne und zahlreiche Wandermöglichkeiten hat man im oberen Ortsteil Telve di Sopra. **Beliebt ist der** (Teil-)**Aufstieg zum Monte Ciolino** (851 m), wo mehrere Wege zu ganz unterschiedlichen Zielen führen. Für einen kurzen Besuch lohnt die Besichtigung der **Chiesetta di San Giovanni del Sassetto**, der Ruinen der drei Castelli sowie des Val d'Ezze und des Val di Fregio. Im nächsten Dorf **Torcegno** stehen über 100 Jahre alte Kastanienbäume und wunderbar restaurierte Bergbauernhöfe, hinzu kommen die weitläufigen Almen des Porcheria-Tals.

Pieve, Cinte und Castello Tesino

Vielfältig präsentiert sich der **Gemeindeverbund Pieve, Cinte und Castello Tesino**. Die Umgebung eignet sich hervorragend für Wanderungen und Ausflüge. Nördlich von Pieve befindet sich das **Granitmassiv Cima d'Asta** (2 847m), ein beliebtes Ziel für Alpinisten, die die berühmte **Alta Via del Granito** (Granit-Höhenweg) absolvieren. Sehenswert sind das **Museum Alcide De Gasperi**, die Kirche der Assunta und Sebastiano, die wunderschöne **Villa Daziaro** und das **Arboretum des Tesino**.

Über Ospedaletto geht es weiter nach Grigno und Tezze Valsugana, die zusammen eine Gemeinde bilden, aber keine großen Sehenswürdigkeiten bieten. Das Valsugana wird allmählich immer schmaler, hinter Primolano fast abenteuerlich; gerade mal 150 m misst die schmalste Stelle beim **Covolo di Butistone**, einer alten militärischen Festung, die bis zum Ende des 18. Jahrhunderts den Brenta-Kanal zwischen Primolano und Cismon del Grappa blockierte. Das zur Festung gehörende Museum befindet sich in der Via Roma, 29 in Cismon del Grappa, einem Teilort von Valbrenta.

Ospedaletto
Strigno
Tomaselli
Villa
Ivano-Fracena
Agnedo
Col dei Malandrini
Monte Mezza
Cima la Presa
Monte Cismon
Pale della Caldiera
Sasso Corvo
Torino della Fossetta
Cima Incudine
Cima della Caldiera
Cima della Campanella
Monte Fasolo
Scoglio del Cane
Monte Magari
Colle Lagosin
Monte Cucco di Moline
Monte Frate
Cima delle Saette
Monte Cucco
Monte Paletto
Spitz Keserle
Monte Castellier Grande
Monte Castellaro
Monte Palo
Cima dei Compari
Monte Cucco di Mandrielle
Monte Castellaro Piccolo
Monte Taverle o Cucco
Monte Fiaretta
Monte Cimon
Straße
Bahnstrecke
Fuß-/Radweg

Abstecher zum Lago di Corlo (Lago di Arsiè)

Der **Lago di Corlo** - auf ca. 284 m Höhe gelegen - erinnert an einen norwegischen Fjord, wenn das im Herbst ablaufende Wasser die typischen Strömungsmuster am Seegrund hinterlässt. **Die 1954 erbaute Sperrmauer staut den Fluss Cismon kurz vor dem Dorf Corlo bis nach Arsiè auf** und speist ein Wasserkraftwerk, das die Gegend mit Strom versorgt. Für den Cismon, der durch

die Provinzen Trient, Belluno und Vicenza fließt, ist es bereits **die dritte Staustufe**. **Der See ist bei Urlaubern sehr beliebt und liegt landschaftlich schön auf einer Art Hochebene über dem Valsugana**. Besonders schön ist der Blick auf den See, wenn man sich von der Fraktion Rocca d'Arsiè nähert. D**er ohne Kirche dastehende Glockenturm** und das hübsch renovierte Albergo Parigi wirken sehr malerisch. Zunächst aber die Anfahrt: vom Tal aus, ungefähr auf Höhe einer gesperrten Brücke (wenn man diesen Betonklops so nennen kann ... und Achtung: nächste richtige Brücke erst wieder bei Primolano und Valbrenta!) bei Cismon del Grappa bewegt man

3. Stauwerk des Cismon

sich als Fußgänger oder Radfahrer zunächst durch bergiges, meist waldiges Gelände. **Ca. 250 m Höhe werden in zahlreichen und nicht zu steilen Kehren zurückgelegt**. Oben angekommen trifft man je nach Routenwahl zunächst auf das **Dorf Rocca d'Arsiè** mit der kleinen Kirche oder auf Corlo, den Namensgeber des Sees. Beide Wege treffen am See aufeinander und die beiden Brücken, die Ponte di Polo und die Ponte delle Bassane, fallen bald ins Auge. **Die teils aus Zeiten des Erzabbaus stammenden Bauwerke bieten stimmungsvolle Fotomotive und ermöglichen eine kurze Kennenlernrunde mit zwei Aussichtspunkten**. Tipps zur Auswahl: beide Wegvarianten führen dorthin, eine davon - die süd-östlichere - ist zwar weitgehend erneuert, doch mit eigenartigen Verboten belegt. Die westliche Variante über Corlo war 2022 gesperrt; ob es sich nur um eine vorübergehende Sperrung handelt, ist uns leider nicht bekannt. **Die Strecke mit dem Auto zu fahren wird nicht empfohlen**. Besser ist es, den Tunnel zu nutzen, der die Anfahrt zum See streckenmäßig auf ein Minimum reduziert. Alternativ geht es von Primolano aus über die alte Straße nach Arsiè; was auch für Radfahrer möglich ist.

Zurück zum Lago: weiter entlang des Sees tauchen die ersten Einkehrmöglichkeiten, die Bar dall'Anna und das

Albergo Parigi, auf. Letzteres ist die beste Übernachtungsmöglichkeit am See; beliebt sind das Frühstück und das Abendessen auf der **Terrasse mit See- und Turmblick**. Vor allem abends bereitet der Koch interessante und oft unerwartete Speisen zu. Bald folgen ein weiteres Café (eher Container-Bar), ein Ruder- und Tretbootverleih sowie zwei Campingplätze; baden ist natürlich auch möglich, die Strandsituation allerdings nicht perfekt. Mittelpunkt ist das Restaurant am Bootsverleih; wo in den Sommermonaten mächtig etwas los ist. Die Essenausgabe klappt sehr gut, bei den Tretbooten gibt es schon einmal längere Wartezeiten; **auch Kajak, SUP und andere Sportgeräte können ausgeliehen werden**. Wer noch weiter nach Norden geht, trifft bald auf den **Camping Village Lake Arsiè**, den größten Platz am See. Meist etwas leerer und landschaftlich schöner gelegen ist der **Camping Gajole** mit dem schönsten Strandabschnitt (nur für Campinggäste).

Wanderung: der Percorso Lago di Corlo

Zum Kennenlernen der Gegend bietet sich die Seeumrundung an. Sie beginnt am besten in Rocca d'Arsiè am Sentiero le Valuzole am südlichen Seeende und führt zunächst über die Ponte di Polo auf die bergige und bewaldete Ostseite des Sees. Die Tour ist im Sommer nicht ohne, Bänke zum Ausruhen gibt es an nur einer Stelle und einen Seezugang sucht man vergeblich.

TIPP | Ausreichend Wasser mitnehmen. Die 12 km sind bei mittlerem Tempo in 3 - 4 Stunden zu schaffen, der Weg verläuft zunächst auf und ab und liegt überwiegend im Schatten. Nachdem man die alte und völlig verfallene Siedlung passiert hat, streift man ein kurzes Stück mit Geröll: an einem ca. 15 m langen Teilstück **fließt sehr kalte Luft aus dem Berg**, eine geologische Besonderheit, die aus dem Valle del Freddo (Kältetal) am Iseosee bekannt ist. Bald geht es am Nordende des Stausees über die Brücke des Cismon, wo eine Erfrischung im See möglich ist. Nur kurz muss man an der Straße entlanggehen, bevor man bald links auf die Westseite nahe Arsiè (ca. 10 min bis zum Ortskern) einbiegt. Im leichten Bergauf und Bergab ist schnell der **Campingplatz Gajole** mit Einkehrmöglichkeit erreicht. Die Badestelle des Campingplatzes ist sehr reizvoll, aber für Campinggäste reserviert. Nach weiteren 3 km, vorbei am zweiten Campingplatz und dem Strandbad, erreicht man wieder den Ausgangspunkt; zwei weitere Einkehrmöglichkeiten liegen direkt an der Strecke.

Arsiè

Arsiè ist ein heimeliges Bergdorf mit bewegter Geschichte. Der Ort auf 314 m Höhe befand sich schon immer in der Zange zwischen den Interessen der Provinzen Trient, Tirol und Feltrino. Entsprechend umkämpft war das Areal sowohl militärisch als auch strategisch. Bedeutendes Zeugnis dieser Epoche ist das **Forte Leone**, das man in einer gut halbstündigen Autofahrt von Arsiè erreicht; die Strecke ist bei Bikern beliebt und kann gut mit dem Fahrrad befahren werden. **Das 1909 fertiggestellte Bollwerk auf der Cima di Campo** liegt an der Verbindungsstraße zwischen Arsiè und Castello Tesino. **Die weitläufige Anlage auf dem abgeflachten Gipfel war früher eines der wichtigsten Panzerwerke** der nördlichen italienischen Verteidigungslinie; sie war damals nur ca. einen Kilometer von der Tiroler Grenze entfernt. Von der oberhalb von Tezze gelegenen Anlage aus hat man einen herrlichen Ausblick über das ehemals zu Tirol gehörende Valsugana. Die Landschaft ist von vielen weiteren militärischen Überbleibseln übersät.

Der Ort hatte einst über 8 000 Einwohner, von denen nur noch ca. 2 200 übrig sind. Die Gemeinde ist schon seit Längerem dabei, den Tourismus weiter auszubauen, und renoviert z.B. das Forte Leone.

Ausflug nach Feltre

Feltre ist eine lebhafte, geschichtsträchtige Stadt und gilt als eine der schönsten in Venetien. Die historische Oberstadt mit Häusern aus der Renaissance und sehenswerten Sgraffito-Verzierungen liegt auf einem schmalen Bergrücken. **Das Städtchen am Tor zu den Dolomiten** zählt ca. 20 500 Einwohner und ist reich an Türmen, Theatern und Museen. Unter dem Namen **ToTeM** (Torri, Teatro, Musei) hat der Tourismusverband eine das ganze Jahr gültige Rabattkarte eingeführt. Die Karte gilt für die wichtigsten Sehenswürdigkeiten, die allesamt in das stimmige Festungskonzept der Stadt eingebettet sind und an der beeindruckenden Piazza Maggiore liegen:

Das **Teatro de La Sena** oder ‚della Scena' befindet sich im ersten Stock des Palazzo della Ragione, dem imposanten Palast aus dem 16. Jahrhundert mit großen palladianischen Arkaden, die von der Piazza Maggiore aus zu sehen ist. Die **Galleria Carlo Rizzarda** (Museum für Schmiedeeisen und dekorative Kunst des frühen 20. Jahrhunderts), die als Vermächtnis von Carlo Rizzarda in Auftrag gegeben und 1938 vom Architekten Alberto Alpago Novello eingerichtet wurde. In den 70er Jahren

teilweise geschlossen, wurde die Galleria am 9. Juni 2001 mit neuem Konzept wiedereröffnet.

Museo diocesano Belluno-Feltre (Diozesanmusem): das Gebäude ist das alte Bistumszentrum der Stadt, ein ursprünglich als Festung entstandener Komplex, der später zu einer Art Herrenhaus für den Bischof der Diözese Feltrine ausgebaut wurde. Er lebte hier seit der zweiten Hälfte des 13. Jahrhunderts. In den Prunkräumen des Palastes befinden sich zwischen kostbaren Fresken und verzierten Decken echte Meisterwerke der sakralen Kunst vom frühen Mittelalter bis zur Gegenwart. **Es handelt sich um Gemälde, Skulpturen, Goldschmiede- und Webobjekte, die aus dem Gebiet von Feltre und Belluno stammen**.

Das Städtische Archäologische Museum von Feltre (Museo Civico Archeologico) ist im **Palazzo Villabruna** aus dem 16. Jahrhundert untergebracht. Der rund um das 15. Jahrhundert nach venezianischer Tradition erbaute Palast wurde während des Kambrischen Krieges massiv beschädigt und im 16. Jahrhundert wieder aufgebaut. Unmittelbar nach dem Ersten Weltkrieg von der Gemeinde Feltre gekauft, wurde es in den 1920er Jahren von dem Architekten Alberto Alpago-Novello restauriert, der auch die erste Installation entwarf. In den renovierten Räumen finden Bildsammlungen, Mobiliar, Keramik und Einrichtungsgegenstände des 15. bis 19. Jahrhunderts Platz. **Area Archeologica Statale** (Staatliche archäologische Ausgrabungen): Auf über 900 Quadratmetern kann der Besucher eine Zeitreise durch die Geschichte der Stadt von der Römerzeit an unternehmen, Zeitraum 2. bis 4. Jahrhundert n. Chr., bis zum Mittelalter (9 -12. Jahrhundert). Die heute sichtbaren römischen Ausgrabungen liegen in einem Stadtteil von Feltria und scheinen auf die Blütezeit der antiken Stadt hinzuweisen, vermutlich zwischen dem 2. und 4. Jahrhundert n. Chr.

Torri del Castello (Burgturm).

Der Glockenturm war der alte Zugang zum Schloss von Feltre, das auf dem höchsten Punkt des Hügels thront, auf dem die historische Zitadelle steht. Es stammt wahrscheinlich aus den 1920er Jahren, als die auf dem Turm angebrachte Gedenktafel an der Vorderseite befestigt war, die der San Rocco und San Sebastiano geweihten Kirche gegenübersteht.

Das Tourismus-Büro bietet insgesamt fünf ausgearbeitete Spaziergänge an, mit deren Hilfe man Feltre und seine Schätze kennenlernen kann. Wer will, bucht einen Audioguide mit, der Informationen in mehreren Sprachen vermittelt. Infos unter www.visitfeltre.info.

Stoner
Col Del Gior
Col di Chior
Monte Spitz
Col Bonato
Col Carpenedi
Sasso Rosso
Col Ballerina
Cresta Griglo
Col Caprile
Col Della Beretta
Col Anzini
Monte Cornone
Col del Miglio
Col Ventidueore
Col Piangrande
Col Mezzorigo
VALSTAGNA
Valstagna
Col Moschin
Col Fenilon
Col d'Astiago
SAN NAZARIO
Lanari
Colle Averto
Campolongo sul Brenta
Monte Campolongo
Monte Nosellari
Solagna
Palazzon
Monte Bastia
Campese
Rove del Grappa
Monte Campesana
Valrovina
Monte Costa
Privà
Colle Basso
Monte Castellaro
San Giorgio
Straße
Bahnstrecke
Fuß-/Radweg

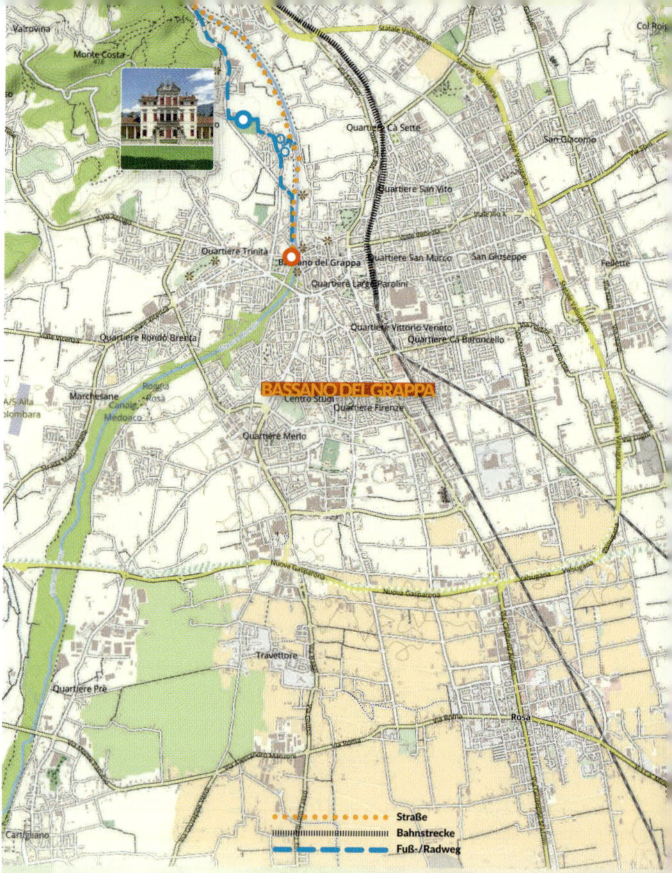
Valrovina
Monte Costa
Quartiere Cà Sette
San Giacomo
Quartiere San Vito
Quartiere Trinità
Bassano del Grappa
Quartiere San Marco
San Giuseppe
Fellette
Quartiere Largo Parolini
Quartiere Vittorio Veneto
Quartiere Rondò Brenta
Quartiere Cà Baroncello
BASSANO DEL GRAPPA
Centro Studi
Quartiere Firenze
Marchesane
Quartiere Merlo
Travettore
Quartiere Prè
Rosa
Cartigliano
Straße
Bahnstrecke
Fuß-/Radweg

Über Valstagna nach Bassano del Grappa

Das Suganer Tal (ab hier auch **Val Brenta** genannt) verengt sich weiter und streift die Orte San Marino, Valgadena und San Gaetano. **Nächster Halte- und Verweilpunkt ist Valstagna**. Parallel zum Tal verläuft die **Alta Via del Tabacco**, die in Ponte Vecchio (bei Bassano del Grappa) beginnt und beim Weiler Costa bei San Marino endet. Die rund 35 km lange Wanderroute entstand zu Zeiten, als Tabakanbau hier in den Bergen lukrativ betrieben wurde. Die Etappenwanderung umfasst bis zu 2 000 Höhenmeter. Informationen unter www.altavia-tabacco.it.

Valstagna und Carpanè

Valstagna ist ein sympathischer Ort mit regem Gemeinde- und Kulturleben, für ein bis zwei Zwischenübernachtungen bestens geeignet. Die Uferlinie mit den bunten Häusern weiß gleich zu gefallen, am Ortsende liegt einladend die **Pizzeria La Villetta** direkt über dem Fluss. In Valstagna und dem Nachbarort San Nazario/Carpanè kann man zwei Kirchen besichtigen, das sehenswerte **Torre Civico dell'Orologio** mit dem beflügelten Löwen

Beliebte Kanustrecke

bewundern und mehrere Museen besuchen. Die kleine Gemeinde hat ihre Hausaufgaben gemacht, das Zentrum bietet zudem nette Cafés und Restaurants. **In nur wenigen Minuten erreicht man die natürlichen Pools der Cascate di Calieroni**; ein idealer Platz für eine verdiente Abkühlung. Ähnlich erfrischend ist der Laghetto di Ponte Subiolo einen Kilometer in Richtung Valbrenta entfernt; der kleine See wird von der weißen Elefantenhöhle gespeist, die mit 186 m als tiefste Quelle der Welt gilt.

Die **Chiesa dei Santi Pietro e Paolo** ist die Pfarrkirche von Carpanè aus dem 16. Jahrhundert. Bemerkenswerte Werke sind das Flachrelief des Hauptaltars von Danilo Andreose aus Bassano del Grappa, die Statue von Sant'Antonio Abate mit einer Glocke und einem Schwein zu seinen Füßen, und das Altarbild mit den Heiligen Petrus und Paulus, das 1981 von Dionisio Gardini aus Padua gemalt wurde. Die Pfarrkirche von Valstagna wurde in ihrer heutigen Form im Jahr 1757 im Stil der venezianischen Renaissance errichtet. Sie ist mit ihrer monumentalen Fassade **Sant'Antonio Abate** gewidmet. In der Kirche sind wertvolle Werke wie das Altarbild der Geburt Christi von den Fratri Da Ponte (1530), ein Holzaltarbild der Kreuzigung des einheimischen Bildhauers Marco Michelin sowie eine Darstellung der Kreuzabnahme Christi erhalten. Wer sich über die Geschichte von Valbrenta und Umgebung Infomieren möchte, kann das **Museo Etnografico Canal di Brenta** und das Museum „**Alta Via del Tobacco**" besuchen. Landart lokaler Künstler zeigt der Sentiero espositivo Coltiva l'Arte am Ende der Via Mattietti im Ortsteil Mori. Der Weg beherbergt aktuell 24 ortsspezifische Werke von 18 Künstlern, Laien und Profis, mit denen sie Wanderer einladen, die Vergangenheit des Tals zu reflektieren.

Die Freitreppe Calà del Sasso

Nach nur knapp einem Kilometer auf der Via Val Franzela - vom Ortskern nach Süden – findet sich der **Einstieg zu einer der längsten Freitreppen Europas**. Die **Calà del Sasso** verbindet das Valsugana mit der Hochebene von Asiago, die sieben Gemeinden umfasst. Am Ende der Treppe liegt das Dorf Sasso mit der Bar Pizzeria Trattoria Alla Cala' Di Menegatti Donatella und einem kleinen Museum zum Ersten Weltkrieg. Das Monumento a Roberto Sarfatti ehrt die Gefallenen der Kriege und Verunglückten der Berge. Von dort oben hat man einen schönen Weitblick. **Die Treppe mit den über 4 000 Treppenstufen wurde im 14. Jahrhundert gebaut** und diente dem Abtransport von Holz aus den höheren Bergregionen. Man vermutet, dass über 30 Millionen Bäume über diese Trasse ins Tal gebracht wurden. Das Holz wurde von den Städten am Mittelmeer geradezu aufgesaugt; Städte- und Schiffsbau verschlangen unglaublich viel Holz. Die Treppe wurde vor einigen Jahren restauriert und ist jetzt als Wanderweg ausgezeichnet; die ca. 2,5 km lange Strecke überwindet dabei ca. 750 Höhenmeter. Jedes Jahr - am zweiten Sonntag im August - wird ein Fackelzug veranstaltet, dann wandern viele Menschen diesen Weg gemeinsam hinauf und wieder hinab.

Die Höhlen von Oliero (Grotte di Oliero)

Die Höhlen von Oliero südlich von Valstagna liegen am Fuße des Bergmassivs der Hochebene von Asiago, den „**Sette Comuni**". Die ausgedehnte Hochebene wurde vermutlich zwischen 1050 bis 1100 von deutschen Bauern aus dem bayerisch-alemannischen Raum besiedelt und urbar gemacht. Grottenguides berichten, dass die Höhlen etwa 80 % des Wassers aus der Hochebene von

Asiago beziehen, und dass die Zeit, die dieses Wasser braucht, um die Höhlen zu erreichen, ca. 3 bis 5 Stunden beträgt. **Der Besuch des Höhlenkomplexes ist heute als Erlebnisreise angelegt**, auf der man die unterschiedlichen Aspekte der Grotte kennenlernen kann; Höhepunkt ist zweifellos die Einfahrt in das Höhlensystem mit dem Ruderboot. Die Anlage ist in den Wintermonaten geschlossen; sonst geöffnet von Dienstag bis Freitag von 10 bis 17 Uhr, Samstag und Sonntag von 9 bis 18 Uhr; der Eintritt beträgt EUR 10. Informationen unter www.grottedioliero.it.

Übernachten in Valstagna

B&B Allo Spizzo. Der Blick von der Terrasse ist beeindruckend; beste Unterkunft in Valstagna. Via Spizzo, 1. +39 (0)339 1209337. www.bballospizzo.com. Ein rudimentärer **Wohnmobilstellplatz** befindet sich in der Via Fontoli, 24 in Mori.

Gut essen in Valstagna

Ristorante Pizzeria al Mondo. Seit 26 Jahren in Valstagna im Palazzo Perli aus dem 18. Jahrhundert. Im Ristorante Pizzeria Al Mondo - unter der Leitung von Andrea - kann man echte Hausmannskost und ausgezeichnete Pizzen genießen; donnerstags geschlossen. Riviera Garibaldi, 25. +39 (0)42499579. www.mondodifantasia.it. **Locanda i Calieroni**. Gutes Essen und günstige Zimmer. Via Val Frenzela, 58. +39 (0)424 98500. Das beste Eis gibt es in der **Gelateria Bar Da Gino** in der Via Roma, 23.

TIPP | In der **Pizzeria La Viletta** sitzt man schön direkt an der Brenta. Ein kleiner Badestrand und das regionale Kanu-Zentrum sorgen für ordentlichen Betrieb in den Sommermonaten; außerdem wird hier das Thema Rafting ganz groß geschrieben. Die Brenta zeigt in Richtung Süden ihre wilde Seite, und zahlreiche Rafting-Anbieter veranstalten die beliebten Schlauchboot-Touren. Der Bahnhofshalt (jenseits der Brenta in Carpanè) ermöglicht es Fahrradfahrern, bequem zu ihrem Ausgangsort, z.B. im Norden, zurückzukehren.

Relikt aus dem 2. Weltkrieg

Die letzten Kilometer im Valsugana

Mit San Lazario, Campolongo sul Brenta, Solagna und Campese passiert man am Ende des Tals noch **vier kleine Dörfer**, die man für einen kleinen Zwischenaufenthalt. z.B. an einem der malerischen Uferbereiche, nutzen kann. Der letzte Streckenpunkt der Reise ist zugleich auch einer der schönsten. **Bassano del Grappa ist eine wunderschöne Stadt mit viel Flair und Esprit**. Die direkte Lage am Fluss, die historische Häuserstruktur, die Nähe zu den Ausläufern der Südalpen und die Ponte Vecchio tragen zu dieser perfekten Symbiose bei. Zwei bis drei Nächte kann man hier auf jeden Fall verbringen, die Sehenswürdigkeiten scheinen unerschöpflich. Der Ort wurde um die Jahrtausendwende zum ersten Mal urkundlich erwähnt, als sicher gilt, dass es hier bereits ab dem 2. Jahrhundert Siedlungen gegeben hat. **Bassano liegt in der Provinz Vicenza der Region Venetien und hat ca. 44 000 Einwohner**.

Der Monte Grappa

Namensgeber für Bassano ist der nordöstlich liegende Monte Grappa (1 776 m), der als sehr beliebter Ausflugsberg gilt. Schon in den 1930 er Jahren wurde von den Faschisten Italiens hier ein monumentales Denkmal für die Gefallenen des Ersten Weltkriegs erbaut. Der geschichtliche Hintergrund ist der vergebliche Versuch Österreich-Ungarns 1917/18, die italienische Front an dieser Stelle zu durchbrechen. Alle Versuche missglückten und über 23 000 Soldaten auf beiden Seiten ließen ihr Leben. Die Anlage ist beeindruckend und wäre heutzutage in dieser Form wohl nicht mehr möglich. **Der Blick nach allen Seiten ist spektakulär und das Rifugio Bassano a cima Grappa lädt auf der Sonnenterrasse zu regionalen Spezialitäten ein**: es gibt so wohlklingende Speisen wie Fetuccine alla Boscaiola, Gnocchi ai Formaggi di Malga, Bigoli al Cervo oder Bocconcini di Vitello. Der Ausflug ist unbedingt zu empfehlen, allerdings nicht am Wochenende. Die Fahrt von Bassano dauert mit dem Auto knapp eine Stunde, schöner ist sie allerdings mit dem E-Bike. Informationen unter www.cimagrappa.it.

Informative Internetseite: www.valsugana.de

Prachtvolles Bassano

Bassano del Grappa

Herz und Seele des Ortes ist die Ponte Vecchio über der Brenta. Am 17. Februar 1945 wurde die Brücke von Partisanen in die Luft gesprengt und stark beschädigt; die Aktion war Teil eines Plans der Alliierten, den Nazifaschisten in der Region die Verbindungs- und Nachschubwege zu kappen. **Das heutige, 58 m lange Bauwerk wurde von den italienischen Gebirgsjägern - den Alpini - von 1947 bis 1948 nach den Plänen Andrea Palladios von 1569 wieder aufgebaut**. Leider nahm die Brücke bei den großen Überschwemmungen 1966 erneut Schaden und musste abermals instandgesetzt werden.

Die Kirchen von Bassano del Grappa

Die Parrocchia di S. Maria in Colle
Duomo S. Maria Assunta

Das Gotteshaus befindet sich in der ehemaligen Oberburg der Familie Ezzelini, die hier im 12. Jahrhundert für allerlei Furore sorgte. Die Adelsfamilie - unter der Führung Ezzelini II da Romano - besaß die Reichslehen für Großteile der Region inkl. Bassano del Grappa. Die

Burg war Ausdruck seiner Macht und bot eine attraktive Umgebung für eine besondere Kirche. Im Laufe der Jahrhunderte häufig umgebaut, erfuhr die Kathedrale zwischen 1682 und 1687 die heute sichtbare barocke Prägung. Von außen zeigt sich die Kirche in schlichtem Gewand, im Grunde unterbrechen nur die drei Portale und die halbkreisförmigen Fenster unter dem Dach die glatte Fassade. Im Innern sind der Hauptaltar, die Orgel, die acht Nebenaltare und die Beichtstühle die Hauptattraktionen, eingebettet in eine elegante und helle Umgebung. **Interessant ist auch die an Kassetten erinnernde Decke mit mehreren biblischen Szenen**, und das bei der letzten Restaurierung freigelegte Freskofragment über der Eingangstür, das die Gefangennahme Christi darstellt.

Die Chiesa di San Giovanni Battista

Der monumentale Bau an der Piazza Libertà ist eine spätbarocke Querkirche, deren Ursprung in einer Kapelle liegt, die einst Teil eines Armenhauses war. In Querkirchen ist das Langschiff kürzer als das Querschiff; auch die Ausrichtung der Kanzel wendet sich zur Querseite hin. Die Fassade des Gotteshauses ist als Breitbau kon-

Viel Kunst in der Stadt

zipiert, der von acht toskanischen Säulen getragen wird, auf dem der Dreiecksgiebel ruht. Dieser gibt wiederum mehreren Statuen Platz. Der Hochaltar in der Sakramentskapelle ist in prachtvoll spielerischem Barockstil gehalten, während der zentrale Hauptaltar und die fünf Seitenaltäre die Formenstrenge des frühen Klassizismus aufweisen. Stimmungsvoll kann man auf der Piazza den Tag ausklingen lassen.

Paläste und Museen

Die **Villa Angarano** liegt ca. 2 km nordwestlich des Stadtzentrums. Sie wurde von dem berühmten Renaissance-Architekten Andrea Palladio 1548 entworfen und gehört seit 1996 zum Weltkulturerbe der UNESCO. Die Villa kann nicht besichtigt werden, ist aber von außen gut einsehbar. Erst im 17. Jahrhundert wurde der Bau vollendet. **Der zentrale Gebäudeteil beruht auf einem Entwurf des Architekten Baldassare Longhena**, nur die beiden Gebäudeflügel stammen von Palladio selbst. Als Grund für diese zeitliche Verschleppung wird Geldmangel angeführt. **Sehenswert sind der Palazzo Bonaguro** (Stadtmuseum mit archäologischer Sammlung, Gemäldegalerie und Lapidarium im Kreuzgang), **der Palazzo**

Sturm (Museum der Technik, Kunst und Geschichte der Typograpie und des Kupferstichs) und mehrere Villen, die im Stadtgebiet verteilt liegen. **Zwei weitere Museen** informieren über interessante Themen: das **Museo della Ceramica Giuseppe Roi** (Keramikmuseum) und das **Museo dell'Automobile Bonfanti-Vimar** mit wechselnden Ausstellungen zum Thema Automobil.

Übernachten in Bassano del Grappa

Le33. Ein wunderschönes Renaissancehaus im historischen Zentrum mit atemberaubendem Blick auf die Brücke Ponte Vecchio, den Fluss Brenta und die Berge. Via Bartolomeo Ferracina, 33. +39 (0)347 216 1224. www.le33bnb.com. **Hotel Al Castello**. Einziges Hotel in der Altstadt; Wunder sind nicht zu erwarten. Via Lazzaro Bonamigo, 19. +39 (0)424 228665. www.hotelalcastello.it.

Gut essen in Bassano del Grappa

Melograno. Authentische regionale, italienische Küche. Contra Chiesa, 35. Loc. Valrovina. +39 (0)424 502593. www.ristorantemelograno.net. **Enoteca Mariga**. Gilt als beste Weinbar in Bassano; nahe der Brücke. Via Macello, 3. +39 (0)349 713 1912. **Origin Bassano**. Neue Location an der Piazza Libertà. Piazza Liberta, 39. +39 (0)424 524128. www.originfoodandbeverage.it. **Trattoria Pizzeria Alla Veneziana**. Die Pizza ist eine der besten in Bassano. Via Menarola, 22. +39 (0)424 522525.

Der Wochenmarkt findet am Donnerstag und am Samstag in den Gassen der Altstadt statt; von 7 bis 14 Uhr.

Stichwortverzeichnis

Impressum

Zwischenräume Verlag Robert Hüther
Markbronner Weg 11
D-89077 Ulm

1. Auflage 2022; ISBN **978-3-943663-35-8**

Texte und Recherche
Robert Hüther

Fotos und Abbildungen
Robert Hüther; 123rf.com, wikipedia.org (Bilddaten dürfen unter derselben Lizenz ‚GNU Free Documentation License' weiterverwendet werden).

Kartografie
www.alpenkarte.eu. Daten von OpenStreetMap - Veröffentlicht unter ODbL; Leaflet | Map tiles © Schneider Geo, Map data © OpenStreetMap contributor; Kartendaten können unter derselben Lizenz weiterverwendet werden.

Druck
Wir machen Druck; Backnang

Kontakt
eMail: info@zwischenraeume-verlag.de